翻案と創作

―日本近世の異文化受容―

鄭順姫

제이앤씨
Publishing Corporation

はじめに

日本近世小説の中でも最も近代小説に近づいた様式として評価される「読本」は様々な面において日本のそれまでの小説類とは断然区別される優秀な小説性を持つが、その優れた特徴を備えることのできた主な要因として中国文学からの影響があげられている。ところで韓国の朝鮮時代の小説の場合でも、多くの作品において中国小説の面影が見られる。中国文学は韓国の古代小説を発展させるにほぼ絶対的な影響を及ぼしたともいわれている。朝鮮朝小説を論ずる上では中国文学との関連如何、その密着度などを調べることがその作品の性向ないし特性を理解するポイントとなる。

このように日本の江戸時代の小説のみならず韓国の朝鮮時代の小説文学の発生及び成長に極めて大きい影響を及ぼしている中国文学であるが、本書では韓日両国の中国文学受容における、特に中国の原典から両国の小説作品へと変わっていく様子と、その変容の意味なり意義について考えてみたいと思う。すなわち中国文学のもつ如何なる面が韓日両国の近世期において受容され、それがどういうふうに拡大発展していくのか、また屈折して現れる面はどんなところであり、そのことは両国それぞれの文学史においてどんな意味合いをもつのか、等々の問題について考察してみた。

第Ⅰ部では、読本作者の祖といわれる都賀庭鐘の改作上の特徴である「道義化」性向について、日本学界ではそれが中国文学の影響による多分に中国文学的、つまり「外来的」な要素として把握されるのに対して、朝鮮朝翻案小説を論じる上では同じ(道義化)現象をめぐって全く違う評価が付けられていることに注目した。韓国学界では道義性(道徳性)志向とは朝鮮時代文学全般に見られる最も一般的な傾向である。従って翻案小説における道義化現象は決して中国文学的な外来的要素ではなく、むしろそれは極めて朝鮮的な倫理観に由来するものとして捉えられている。そして韓国文学史上中国文学の影響として大きく取り上げられることは、中国艶情小説類の輸入によって男女関係を本格的に取り扱う愛情小説類が数多く制作されるようになることである。韓日両国の翻案小説における道義化現象をめぐる、かかる見解の違いとは、両国それぞれの自国文学の伝統に則っての評価であるためであろう。要するに中国文学には朝鮮朝小説が取り入れた特徴と日本の読本が取り入れた特徴とか共に具備されていた。しかし両国はそれぞれ違った面を取り入れた。その選択あるいは選択動機には多分に両国それぞれの文学的歴史・背景が反映されているに違いない。本書ではそれを特に文壇の風潮と思想的環境の違いに焦点を当てて考えてみた。

第Ⅱ部では、不遇な知識人が世に対する憤りから作ったものが文学であるという「発憤著書説」の、韓日十八世紀知識人における受容様相について考察してみた。日本における発憤説展開に関する従来の研究では、秋成の「私憤」展開への評価に主に重点が置かれており、そのことによって秋成周辺の発憤説は「公憤」という意味において、すなわちその内実のもつ歴史的な意味よりは、ただ対社会的な立場を取るが故に検討される場合が多い。それから公憤とはすべて「分度論」提唱の談義本におけるあり様であるかのように把握されがちである。ところがたとえ同じ対社会的・儒家的な立場にあるといっても、朝鮮朝文人において見られるごとくそれとは異なった思想性を表出する公憤のあり方がありうる。同じ中国発憤説の影響のもとに生まれるのではあるが、当代社会の時代環境や思想的潮流などによってそれぞれユニークな展開を成しているわけである。

筆者には日本の知識人達の志の有り様が朝鮮朝文人とは違って談義本における形を取ったのはそれなりの理由があったろうと考えられる。そしてそれは当代の社会的文化的背景、特に庶民の風俗とか儒学の推移などと密接に関連しているように思える。また秋成の発憤説に対する従来の評価では「公憤」から「私憤」に転じえたというところに主に焦点があてられ、秋成の私的感情的憤激というのが、談義本における公的倫理的憤激とは相反する関係にあるものとして捉えられている。ところが果して秋成文学における憤り(の表出)は「条理の立場」すなわち道徳倫理の社会的規範に対抗するためのものであり、そうして秋成的私憤と同時代の公憤とは相互に背反する関係にあるものなのだろうか。私は秋成をして私憤を描かしめた根底にある生命主義ないし人間の実体認識という人間の本質を窮めようとする思想は、より説得力のある新しい人間価値観(モラル)を求めようとした精神姿勢の発露だと思う。そして秋成の私憤とは、儒家的な立場からする談義本における公憤、さらに朝鮮朝文人における公憤とはその内容面で分明に異なるのではあるけれど、当代社会に対し問題意識を持ち、人間価値への問い直しから新しいモラルを摸索するという批判的精神姿勢において、公憤の延長線上で把握されるべきものだと思う。本書はこういう問題意識に基づいて日本人の異文化受容の態度および変容の過程を考察したものである。

目 次

第Ⅱ部 / 163
十八世紀知識人の
「著書発憤説」受容および展開

翻案と創作

―日本近世の異文化受容―

序説

日本近世小説の中でも最も近代小説に近づいた様式として評価される「読本」は、さまざまな面において日本のそれまでの小説類とは断然区別される優秀な小説性を持つが、その優れた特徴を備えることのできた主な要因として、中国の白話小説からの影響が挙げられている。

> 十八世紀の中ごろから読本という新しい様式の小説が登場してきて……新しい小説の作者となったのは、自我の意識や社会への批判精神を保持する知識人であり、したがってその作品には明確な自己主張と方法が備えられたのであった。寛延二年(一七四九)、大阪の儒医都賀庭鐘(一七一八～？)が『古今奇談英草紙』という小説集を発表した。収められた九編の小説は、いずれも短編であるが、
>
> ・歴史的背景への配慮
>
> ・起伏に富んだストーリー

・前後ぴたりと相応した緊密な構成
・登場人物の性格の明確な造型
・ストーリーの展開の中にとけこんだ思想性

などの点において、末期浮世草子の水準をはるかに抜く見事な出来栄えを示した。この文学的成功が刺激となり、『英草紙』にならって右のような特徴をそなえた小説が、以後次々と世に送られる。これがすなわち読本である。……読本が前記のようなすぐれた特徴をそなえることのできた主な理由は、中国の白話小説から大きな影響を受けたことにあった。[1)]

中国俗文学の影響が読本というジャンルの小説の、発生及び特性などを決定する、もっとも大きな要因になっていることは、諸家によってすでに多く認められているところである。[2)]

一方、韓国の朝鮮時代の小説(以下「朝鮮朝小説」と略称)の場合でも、多くの作品において中国小説の面影が見られる。[3)]

---

1) 徳田武「読本と中国白話小説」(『江戸文学と中国』毎日新聞社、一九七七年) 55-56頁。
2) 中村幸彦「読本発生の諸問題」(『中村幸彦著述集』5、中央公論社、一九八二年) 参照。
3) 趙東一氏は「中国小説の翻訳と翻案」のなかで「我が国の小説が形成され定着するにおいて中国小説が及ぼした影響は過小評価できない」と述べ、その中でも『太平広記』、『剪灯新話』、『三国志演義』、三言、二拍、『今古奇観』などは、小説の中国的な源泉を考える時、重要な資料であると指摘している。(『韓国文学通史』3、知識産業社、一九九四年、112-117頁参照。ここを含めて韓国語

> 外国文学として韓国文学に最も大きな影響を及ぼした作品は『三国志演義』であり、(中略) 短篇小説として韓国の古典小説に大きく影響を及ぼしたのは『太平広記』と三言二拍および『今古奇観』に収録されている明末の小説作品……[4)]

朝鮮朝小説を論ずるうえでも、まず中国文学との関連如何、その密着度などを調べることが、作品の性向、特性などを理解するポイントとなっている。「中国の話本小説は、小説の真髄を朝鮮に植えつけ理解させて、朝鮮時代の古代小説を大きく発展させるに絶対な影響を及ぼした」[5)]ともいわれている。

日本の江戸時代の文学のみならず、韓国の朝鮮時代の小説文学の発生および成長・発展に多大な影響を及ぼしている中国の文学および思想であるが、本書では中国の源泉作品への追跡とか確認という出処把握ではなくて、中国の源泉作品から日・韓両国の文学への変貌、屈折されて行く様相と、その意味について考察してみようと思う。中国文学におけるどういう要因・因子が、日本と韓国の近世期において受容され、それがどういうふうに拡大・発展していくのか、また、それはどのような具体性を以て作品において具現化されるのか、なお、そ

の論文の引用は拙訳による。)

4) 申東一「韓国古典小説に及ぼした明代短篇小説の影響」(ソウル大学校博士学位論文、一九八五年) 15頁。

5) 李明九「韓国古代小説発達史における一、二の問題」(『朝鮮学報』126、一九八八年、原文日本語) 47頁。

のことはそれぞれの文学史の上でどんな意味合いをもつのか、等々の問題について考えてみたい。李慧淳氏が次のように述べる如く、

> ひとつの文学がほかの文化圏に入っていって、どのように「接受」「変形」「拒絶」されるのかを見てみることは、自国の文学背景(cultural background)を明確にさせるという点において意義がある。6)

韓・日両国の中国文学の摂取における、どのような面が受け入れられ、どのような面が拒否されるのか、その理由はいったい何であり、どうしてなのか、ということを明らかにすることは、韓・日それぞれの自国文学の背景を明確にさせ、各々の文学のもつ個性や特質を私たちに示してくれるに違いない。

---

6)「中国小説が韓国小説に及ぼした影響―義気問題を中心として―」(『比較文学』I・理論と方法、科学情報社、一九八六年) 180頁。

第Ⅰ部
読本作者の中国文学受容態度とその意味

第1章
翻案小説における「道義性」志向

1. 問題提起

第1章では日本の読本の作者の中から、主に都賀庭鐘(一七一八～一七九四頃)を中心としたい。庭鐘の場合抜群の中国語学の実力、中国白話小説の多読、中国文化への深い理解を基調として、『英草紙』(一七四九年)・『繁野話』(一七六六年)・『莠句冊』(一七八六年)などの短篇小説群を次々と発表し、当代はもちろん後世にまで大きな影響を及ぼした人である。庭鐘がどのように中国小説を日本に取り入れたかは、読本における中国文学受容態度の一端を窺うための好材料であるといって差し支えないであろう。そこで、庭鐘の中国小説翻案態度を把握することに重点を置き、朝鮮朝小説からもとくに翻案の色彩が濃厚な作品を主として、その中でも庭鐘の翻案態度の特徴を浮き彫りにすると思われる作品を選んで、対比考察を行いたい。

作品の大部分が中国小説の翻案であるといわれている都賀庭鐘の、中国文学を受け入れる基本姿勢を知るためには、原拠をどういうふうに改作しているかがキーポイントとなる。また、改作には色々な側面があるが、内容、特に主題に関わる意図的な改変は、作者の意識あるいは志向する精神などが投影され示されたものに違いない。その側面から見た庭鐘の改作上の特徴は、すでに諸家によって指摘され論ぜられたところであるが、「道義化」への傾向が顕著であるということである。彼の場合、人間の倫理・道徳に対し深い関心を持ったらしく、作品の上で自分自身の人生観を登場人物に投影して示しているのであるが、どちらかといえば、道義的色彩が濃厚である。

ところで、朝鮮朝小説の中で翻案作品として知られている作品の特徴として、興味深くも右と同様な意見がよくいわれている。李明九氏の次のような、

> 『今古奇観』からハングルにおきかえられた作品もそうであり、ここの三言からの作品もそうであるが、だいたい道徳的色彩の濃厚な作品がまず飜訳または飜案されたということから、興味性より道徳性を優先視した、朝鮮時代の一般的な小説観がうかがえる。[1)]

という言及からも示唆されようが、今までに発表された朝鮮朝飜案小説に関する論文など[2)]を見てみると、その多くについ

1）「韓国古代小説発達史における一、二の問題」(前掲) 46頁。
2）前掲あるいは後掲の論文を除いて以下のようなものがある。李明

て、原拠である中国作品より一層追求され強化された道徳的・倫理的な性向が、朝鮮朝翻案小説の特徴として挙げられているのである。

このような表面的な飜案ぶりを見る限りにおいては、あたかも両方の飜案態度にかなり似通ったものがあるようにも思われてくる。しかしながら、両国の翻案様相におけるこのような一応共通的ともいえそうな「道義化的姿勢が顕著な性向」であるが、それに対する今日の意味・価値付けは、両国学界で異なっている。ここに筆者は注意を払いたいと思う。というのは、まず日本の読本の場合、小説作品の内容における強い道義性志向は日本文学の伝統の上ではそれほど一般的な現像ではなかったため、読本ジャンルの道義性志向もそれ自体が中国文学からの影響であるとして把握されている。一方、朝鮮朝翻

九「李朝小説の比較文学的研究」(『大東文化研究』5・一九六六年)、同「李朝小説研究序説」(『成大論文集』13・一九六八年)、曺喜雄「楽善斎本翻訳小説研究」『国語国文学』62-63・一九七三年)、李明九「李朝小説の中国小説受容姿勢」(『外大中国研究』4・一九七九年)、同「夢決楚漢訟研究—中国話本小説との対比を中心として—」(『成大論文集』33・一九八二年)、申東一「翻訳本今古奇観について」(『韓国古典文学研究』新丘文化社・一九八三年)、李相翊『韓中小説の比較文学的研究』(三英社・一九八三年)、金連浩「今古奇観の翻訳様相—高大本を中心に—」(『語文論集』27・一九八七年)、丁奎福『韓中文学比較研究』(高麗大学校出版部・一九八七年)、朴在淵「朝鮮時代の中国通俗小説翻訳本の研究—楽善斎本を中心に—」(韓国外国語大学校大学院博士学位論文・一九九三年)

案小説の場合は、道義性志向は翻案小説だけでなく朝鮮時代の小説全体の持つ最も一般的な特徴の一つである。従って、これに及んでも、小説の興味性よりまず道徳本位を標榜する朝鮮朝小説の性格ないし特徴がそのまま如実に反映された結果であるとされている。

それでは、まずここで一応両方の翻案小説における、その道義性志向の様相を具体的に見てみることにしよう。庭鐘の作品からは『繁野話』第五篇「白菊の方猿掛の岸に怪骨を射る話」を、朝鮮朝翻案小説からは『月峰山記』[3](原文は書名を含めてハングルで書かれているが、漢文表記のテキスト『月峰記』によって漢字を宛てる)を、対象とする。この二つの作品を対比対象とした理由は、中国原拠作品は違うが、両方の話が各々の原典プロットにかなり依拠するかたちでストーリーが展開され、しかも結末の部分において原話にはない話を敷衍すること

---

3) 作者・年代未詳。李明九氏は「月峰山記研究—比較文学的見地から—」(『成大論文集』29所収)の中で『月峰山記』が『蘇学士伝』など他の類似作品に比べて古語が頻繁に出ていることを指摘し、制作年代がかなり早い時期であろうと推測されているが、他の研究では十八世紀中葉以後の成立とする説が多い。
「朝鮮時代に生産された小説の最も大きい特徴は、作者の匿名性にある。このことは、小説が正統的な儒家的理念を盛り込む「載道之文」という基準から違背するとして公式的な排斥を受け、上層の文化担当層の間に認めてもらわなかった文学様式であったために現れた現像である。」(朴逸勇「朝鮮後期小説論の展開」『国語国文学』94、一九八五年)

によって女性の貞節観念を高く称揚し、それをテーマとしているからである。

2.『繁野話』第五篇「白菊の方猿掛の岸に怪骨を射る話」

庭鐘の道義性志向をあらわに示すものの一つは、彼の描いた理想的な女性像である。彼は理想的な女性のあり方として、貞淑な女性を模範とする。『英草紙』の第四巻六篇「三人の妓女趣を異にして各明を成す話」において「都産」の願望の言葉を、

> 我が身の世わたるさま、我が本心の志にあらず、世の中の士農工商、其の業業をなして身を養へども、我が儔のごとく、心寄らぬ人に笑を献じ、言を巧にして、其の財を取るを以て勤とす。つらつら思ふに愧づべきこと限なし。父母を養ふことは、良家の婦となりてはならぬ事にや。良人に従ふ時は、入つては舅姑に事へ、家の祭祀を主り、出でては顧る人に誰某の婦なりと称ぜられ、死して其の家の祭を受く。是を捨てて婦たるものの本意あらんや。[4]

4) 引用は『英草紙・西山物語・雨月物語・春雨物語』(小学館、一九九五年)より。以下『英草紙』からの引用はこれによる。

と述べているし、婦女子の徳目として、

「女は両夫に見えぬ貞教ありて」
「二君につかへず、二夫に見えぬは、皆人の知る所」(『英草紙』第四篇「黒川源太主山に入ツて道を得たる話」)
「むかしは婦節重からぬやうなるに、後世義気にはげまされて、おのおの天とし戴ける丈夫ありて」[5](『繁野話』第三篇「紀の関守が霊弓一旦鳥に化する話」)

などと、少なからざる文面を割いて貞節観念を強調している。庭鐘の作品の中でも、女性の貞節意識を重要視する彼の精神姿勢が最もよく表明されているのが、『繁野話』第五篇「白菊の方猿掛の岸に怪骨を射る話」(以下「白菊」と略称)の話である。この作品の粉本は唐代伝奇『白猿伝』と「陳従善梅嶺失渾家」(『古今小説』第二十)との二つの話とされているが、構成・内容の多くは後者の方によっている。

粉本二話の主な内容は失妻とそれの救出に関するもので、その過程において妖怪退治の場面が重要なプロットとして設定されている。このモチーフは「白菊」においてそのまま活用され、粉本の主題の通りに悪魔(妖怪)を退治する一方で、女性の貞節固守を賞揚する趣向が「白菊」に反映されている。

5) 以下『繁野話』からの引用は『繁野話・曲亭伝奇花釵児・催馬楽奇談・鳥辺山調線』(岩波書店、一九九二年)による。

ところで、徳田武氏は「都賀庭鐘・遊戯の方法—『英草紙』『繁野話』と唐代小説・三言—」[6]において、「白菊」はその構成の上ではほとんど「陳従善」と一致しているのであるが、部分的にはかなりの改変が施されていると述べている。その中の一つとして「女性像の道義化」の甚だしさが挙げられている。氏の指摘の如く、庭鐘の女性像の道義化傾向は顕著なものがある。つまり女主人公白菊は、庭鐘の作品の上でも最も理想的な女性の一人であるといえるのではなかろうか。彼女の場合、庭鐘のよい女性としての価値基準である貞節観念が、衆にぬきんでて徹底しているのである。

白菊は妖怪「変化」に連れて行かれた後、多くの場面において、

> 白菊は彼が異様に恐ろしきに気も魂も雲間に飛ばかりなれど、目に見へぬ鬼のとりじめなくそぞろにわななかれるには事かはり、心をつよくなし変化に向ひ、「自はさらさら此所の楽みを顧はず、速に死せんことを念ず。非道の振廻あらば舌を喰ては死すべき」と、はげしい詞は悪まじからん、……多の女房いで来り、「いざ」とて帳台に引んとす。白菊是を拒みて、「我官人の妻として由なき所の帳内に入るべからず」と、熱気をつかひ坐に拠て動す。……飛雲今は大にいかりて、白菊を下家に下し、洞の中の用水を遠き

6)『日本近世小説と中国小説』青裳堂書店、一九八七年。

> に汲とらせ、衣服を洗ふ賎の役をなさしむ。白菊却てこれをうれしき事に思ひ、日日に谷に下つて水を汲み衣をあらひ、此いやしき業をなすとも身を汚すにはまさりぬと心に足りて、故郷の土神を祈り、「再び家に帰らしめ玉へ」と拝せぬ一はなかりき。

と「並の人心にはあら」ざる強い意志で「身を汚さ」ないように、堅く操を守ろうとしている。妖怪変化の「妖術に魅せられ」て一時的な幻覚状態に陥りつつも、

> 洞の中日数は覚へねども、月の圓きを月の半としり、三月斗の後、飛雲其容色の苦みに衰んことを慮ひ、しばしば賎の役をゆるして貌を養はしむ。一日南廂に宴を設けて節を寿き、白菊を酌に当らしむ。寵愛の緑樹・此花・梁瀬・呉の竹など宴に侍り、其余の女糸に舞ひ竹に歌ひ興ある席に、白菊しきりに眠を催すうへ、変化が女ばらに相狎て戯るるを、目の不祥見まじまじと俯につれ、酌をくはへながらふらふらねむりて酒をこぼすもしらず。

「目の不祥見まじまじと俯」潔白な精神的姿勢を見せている。これらの描写だけでも、粉本における「如春」の貞節観念の堅固さは、白菊に充分に伝えられているといえよう。

しかしながらさらに、庭鐘は原話より妖怪「変化」をもっと非凡化させている。そして原話には見られない、白菊にとって変

化の威力に対し敬畏心を抱かせしめる場面を設けるのだが、庭鐘のこの脈絡の導入は次のような、

> 兎角のあいだに月日過て、早くも掾の任満て備中の本国に帰りぬ。菊のかた年月の魔難を熟思ひ出るに、かかる変化の寝所ちかく役せられ、婢妾の隊につらなりしこそ、初めの念よわりて潔からず。大に情操に恥る所あり。終身の瑕瑾これなるのみか、又いきどをるべきのことにあらずやと、怪物の首を館の後に懸て、自ら弓をとりて日々これを射て、三年おこたらず恨をもらされしとかや。其所を後世猿掛の岸とぞ申よし。

白菊の透徹な貞節観を大きくクローズアップさせながら、物語を締め括るための伏線であったに違いない。

庭鐘が妖怪変化の首を、白菊をして三年間射つづけさせる場を特別に作り出した理由を、徳田氏は「女教の名実全からんことをはげましむためのものであった」[7]とされる。また「庭鐘の道義化もここに極まれり、というべき」とも述べている。

庭鐘の道義性の強い性向については、第2章において検討するように、庭鐘が庶民文学である白話小説の本質を誤解し、士大夫の文学に近づけたという説や、彼の知的遊戯・満足の所産であるとする説、当時の日本文壇の風潮と関連づけて「載

7) 同上、196頁。

道」と「人情」とを共に尊重する文学論の反映という説などがある。論者によって視点の違いが大きいことはいうまでもないが、庭鐘による、文学を通して倫理的・道徳的指針を与えるという様式の出現が、日本文学の上では斬新なものであったこと、それからその斬新さが、やはり白話小説大流行の熱風が残した外来的要素の一つとして捉えられていることは、共通的であるといえるのではなかろうか。

3.『月峰山記』

韓国の朝鮮時代の小説『月峰山記』は、金台俊・辛島驍・趙英規・李明九・徐大錫ら[8)]によって指摘されているごとく、『警世通言』巻十一「蘇知県羅衫再合」(以下「蘇知県」と略称)からの翻案である。『月峰山記』「蘇知県」二話の中心的な内容は、ある官員が任地に行く途中、水賊に会い被害を受けるが、その時夫人に宿されていた子供が、その水賊によって育てら

8) 金台俊『朝鮮小説史』(学芸社・一九三九年)96頁、辛島驍『全訳中国文学大系・拍案驚奇(3)』(東洋文化協会、一九五九年、巻27解題)、趙英規「三言故事の深淵及び影響考」『中国学報』21・一九八〇年、李明九「〈月峰山記〉研究—比較文学的見地から—」(『成大論文集』29・一九八一年)、徐大錫「蘇知県羅衫再合翻案小説研究」(『啓明大東西文化』5・一九七三年) など参照。

れ、結局は父母の仇を討つという話である。

『月峰山記』は全二十二回となっている章回体小説である。第七回までは多少の改変がまったくないとはいえないものの、「蘇知県」の殆ど完璧な翻訳といっていいほど、登場人物の名前とか役割、あるいはその基本的な主題などが一致している。しかし「蘇知県」においては、蘇泰が父母に面会し、仇「徐能」に報復を加えることで話が終わっているが、『月峰山記』では蘇泰の縁談が新しく始まる。すなわち、徐継祖がついに賊の一味に復仇したあと、改めて「蘇泰」と改名する所までは『月峰山記』は「蘇知県」の筋道をほぼそのまま踏まえている。ところが『月峰山記』では、そののち蘇泰が三人の夫人を貰うという話が長々と展開されるのである。

徐継祖が迎えることとなる三人の女性とは、王小姐・公主・鄭小姐であるが、彼女たちはいずれも皆蘇泰と結ばれる役目で、最終的には順番に第一・二・三の夫人となる。ところで、この点について別に注意すべきものがある。というのは、三女性と蘇泰とが結ばれる過程において、特異な点があるのである。彼女たちの行動には一律的に表れて強調されている面があるが、それはとりもなおさず「女子の節介すなわち女行の至極な高調」[9]である。

まず、王小姐は、彼女の場合、原拠「蘇知県」でも出てきて

9) 李明九氏注8)前掲論文。

おり、「蘇知県」と同様に王尚書の娘である。『月峰山記』では徐継祖とこの王小姐との婚約過程が「蘇知県」とは違って相当具体的に描き出されている。『月峰山記』では、徐継祖が御使になって、まだ父母との面会がなされない以前の段階で、王尚書が継祖の人柄を気に入り、本人に直接結婚を申し込む(「蘇知県」においては王尚書が継祖の父親「蘇雲」に請婚することになっている)場面が設けられている。そして継祖はこれを承諾し、継祖・王小姐二人は対面し交杯の礼を行う。ところで、この時皇帝には太子と十五才の娘、公主が一人あった。そして、公主の婿として蘇泰を、太子妃として王尚書の娘を考えていた。皇后は王尚書夫人に右のような事実を伝える。が、母親にこの話を聞いた小姐は、太子妃になることを断固として固辞して受けない。

皇帝は蘇雲を呼んで公主を降下することを伝え、礼部に命じ聘幣[10]を貰ってくるようにする。一方、官人である王氏を王尚書の家に送り、王小姐の様子を子細に観察してくるように命ずる。王小姐は死を以て太子妃を拒絶しようとする。王小姐は、

> 「小女はたとえ聘幣をまだ貰っていないにしても、父が私に命じ(蘇泰と)一緒に挨拶をし、杯をお互いに交わしたので、これは聘幣を貰ったよりも固い約束です。小女は死ん

10) 聘幣とは謹み敬う意味で贈る品物。

でも他の所へ嫁ぐことなど考えられません。」

などと、親の説得に対し、女性の道を守れるようにと、親の理解を切実に求めている。彼女はとうとう皇帝の許可を得て、蘇泰の第一夫人となる。

一方、公主は皇帝の勅命によって蘇家の聘幣を一応は受け取る。しかし皇帝は、王小姐の意志があまりにも固かったことや、また後に地方での任務を終えて都に帰ってきた蘇泰が王小姐を棄てる訳にはいかないという切実な思いを込めた上表文を作って差し上げたのを読んで、結局蘇泰を婿にすることを諦める。そして公主に聘幣を蘇家に返すように命令する。これに対し公主は、本物の聘幣は大事に奥にしまい、偽せ物を函に入れて送る。その理由は、女が一度聘幣を受け取った以上、どんな事情があっても、その視点から相手の家門の人間として生きていくべきであると思ったからである。それがすなわち女性として守るべき道理であると考えたのである。あとで公主が偽りの聘幣を蘇家に返した事実を知った皇帝は、仕方なく公主を蘇家の第二夫人にさせる。

ところで、皇帝が公主の婿として蘇泰を指名する以前に、皇親国戚鄭炫は蘇雲の方に自分の娘を蘇家と結婚させたいと申し込む。蘇泰と王小姐とが縁定めをしている間柄とは全然知らなかった蘇雲は、蘇泰にも知らせないまま快く承諾してしまう。そして吉日を選んで聘幣を送るわけである。しかし前述のごとく、皇帝が公主のために蘇泰を婿としようと思い、聘幣を受取に官人を蘇家の方に派遣するので、蘇雲はどうしようもなく鄭家に婚約破棄の旨を伝えることとなる。これを知らされた鄭夫婦は娘に聘幣を返すように言い聞かせる。これに対し鄭小姐は、

> 蘇侍郎がいまさら聘幣を取り返そうとするのは正しいとはいえません。(親が)すでに私を蘇家の嫁にすることを承諾し、また聘幣を自分に預けたものですから、私はもう蘇氏家門の人間なのです。……女として一度聘幣をいただいておきながら、他の家門に嫁いだことを私は今まで聞いた覚えがありません。……もしも私をかわいそうに思うならば、どうか親の側に一生置いて下さいませんか。それから私が死んだら、蘇氏の姓によって魂魄を慰め、蘇氏の墓地に埋めてください。今となってお父さんが私のために蘇氏の姓を返し、新しい他姓を求めるとしても、それは子供に失節することを教えることになるでしょう。娘として親(の意見)に逆らうことはとてもとてもいけませんけれども、女として失節するのは禽獣同様のことでして、いくら親の命令でも従うことができません。

と、「女性としての堂々とした道理」を説きながら、聘幣の返却を強い勢いで拒絶する。

以上のように、王小姐・公主・鄭小姐が、高貴な太子妃の

地位も拒否し、高い地位から民間の第二夫人になるのを厭わず、また王名に逆らいながらも命をかけて蘇泰に従おうとするのは、「女は両夫に見えぬ貞教」すなわち烈女不更二夫、一夫従事という「女教」を全うするためのものであった。そしてそれが愛だと思ったのである。

李慧淳氏は「我が古代小説に表れている愛の形態」11)という論文の中で「我が国の小説における、特に女性の方の愛は、純粋な愛情からというより信義にもっと深い根をもつ」と述べ、「彼らの愛には度に過ぎた潔白性の要求がある」と指摘している。続いて、それは「倫理というものが、中国におけるよりもっと狭いわく内で行われていた伝統の影響」であると述べている。

『月峰山記』の後半部における三人の女性たちの、リゴリスティックな貞節観の表白を、現代の韓国の文学史家は中国文学の影響という面からは考察しようとしない。三女の貞行というものがあまりにもリゴリスティックであるので、どう見ても朝鮮的な倫理観としかいいようがないのかもしれない。ともあれ、道義性志向をも中国から学んだとする日本の場合とはきわめて対照的であるといえよう。

このような見解のちがいとは、韓・日両国それぞれの自国文学の伝統に則っての評価であるためであろう。そこで、かかる

11)『古典文学研究』2、一九七四年。

評価の基準となる、両国それぞれの自国文学の伝統というものについて、目を向けてみる必要があるようである。

第2章
翻案様相の相違についての韓日比較

1.『繁野話』第八篇「江口の遊女薄情を恨て珠玉を沈る話」

『繁野話』第八篇「江口の遊女薄情を恨て珠玉を沈る話」(以下「江口」と略称)は、『警世通言』第三十二巻「杜十娘怒沈白宝箱」(以下「杜十娘」と略称)からの翻案作である。その内容は次のとおりである。

> 箱崎出身の「小太郎安方」は江口で遊女「白妙」に惚れて、彼女に通いつめたためにお金を蕩尽する。妓家の主母は貧窮した小太郎を追い出そうとし、高い身請金を要求する。白妙はそのお金を自ら出して、小太郎と一緒に箱崎に向う。途中、室積という所で、海賊「紫江」が白妙を見て恋情を抱き、彼女を自分のものにしたいと思う。この紫江の勧誘もあって小太郎の親戚である「然重」は小太郎に親の元に帰るように懇々と諭する。これにより小太郎は白妙を紫江に渡して帰郷する。裏切られた白妙は、同じ妓女達から餞

別としてもらった玉の箱と共に入水自殺する。

「江口」での庭鐘の重要な改作は、次の徳田武氏の指摘にある如く、何よりも「然重」という人物の設定である。

> ただ一ヶ所だけ重要な改変があり、その改変の働きで、以後の部分は表面的には粉本に準拠しているかのようであるが、その実、正反対の意味を荷わせられるからである。すなわちそれは、李甲と孫富が知り合って、十娘の転買を合議するくだりである。(中略)「江口」では、海族の紫江酒部輔原縄が白妙を奪わんとして策略をめぐらす趣向は同様であるが、その外に新たに和多然重を登場させていて、孫富の忠告は原縄ではなく、この然重が話す、と改変させる。1)

「杜十娘」では「孫富」という人物があり、彼が「李甲」から「杜十娘」を横取りしようとする陰険な心から直接李甲に杜十娘を捨てるように勧める。李甲はそうでなくても父親の叱責を恐れていたところへ、孫富の勧誘もあり、杜十娘を諦めることにする。要するに「杜十娘」で李甲が杜十娘を断念するようになるのは、李甲の「気の弱さ」+(孫富の策略にまんまと騙されてしまう)「愚かさ」のためだといえよう。

---

1) 徳田武「都賀庭鐘・遊戯の方法—『英草紙』『繁野話』と唐代小説・三言—」(『日本近世小説と中国小説』前掲) 199頁。

私は「杜十娘」における「孫富」という人物の役目をこう見ている。「李甲」という男性主人公の優柔不断な性格的欠陥と、またそれによる人生の失敗(失策)を描くための重要な補助人物として。「杜十娘」の最後は、妓女杜十娘に対する良心の呵責で李甲が狂疾になり、悲惨な最期を迎えることで結ばれているが、これは不実・無責任な男の終末が如何なるものかを、読者達にはっきりと刻印させるものと思われる。つまり、こうしたストーリー、テーマの展開上、孫富という人物像は欠くべからざる重要な役割を演じているわけである。

ところで「江口」においては、この「孫富」に該当する人物として「原縄」という人物が登場するのは登場しているのであるが、その役目が顕著に縮小されている。それから小太郎の「母かたの一族」である「然重」という人物が新しく登場してくる。そして、原話にないこの人物の出現やその役割によって「江口」の主題は粉本「杜十娘」とは百八十度違うものとなるのである。

「江口」の展開では然重の小太郎に対する次のような真摯な忠告が極めて重大な意味合いをもつ。

> いかにもして此事を転じ玉はずんば、箱崎の家も血脈たへ不孝御身一人に帰すべし。……そもそも婦人は水性丸くも角にもなり、況や娼家の女ばら真情も一時なり仮意も一時なり。彼高名の妓女相識の人天下に幾ばく、或は西国にねくろ男ありて、買兒を仮にちなみ契帯きたり、余人に行の

地歩とせるも知るべくや。今また、かかる尤き婦人を人に託へ独居にあらせ、賢兄ばかり家にかへりうしろめたく時を待とも、軽薄の子弟世上に多し。俊俏を売弄して心の閉をゆるがせ、言を諾り求めに便りし操を撓て折んとし、墻をこへ隙を挨て必ず事を仕出かさん。色にたわれて家をすて親を離る浮浪不義の人は天地の間に立かたきぞ。熟熟思ひたどりて善心に回せられ

こうした忠告を小太郎は真実なものとして受け入れて、翻然と正道に立ちもどるのである。

元よりすなをなる小太郎、理の当然に伏し自失てひざをよせ、「是我不義なるのみか拙きに出たり。今是を免れん計はいかに」ととふ。……彼小太郎は船中にあつて大に恥入り、心地くるはしく見へしがきつと悟りて思ふに、女が深情にそむきたるは残念なれども、彼は浮花の身のうへ、我も若年の浮気放蕩、彼は彼が侠に死し、我はわがさときにかへる。しりて惑ふは我ばかりかな。今さら遁世などせばいよいよ人に笑われん。父の不興を侘て家にかへるべしと、太刀刀万の調度、国を出し時のさまにかはらで故郷にかへれば、

つまり庭鐘は、然重を新しく登場させることによって小太郎に男としての正しい生き方を導かせているといえよう。いうま

でもなくここに粉本「杜十娘」の主題とは全く異なる「青年の精神的成長」[2]という主題が浮かび上がってくる。

庭鐘が「然重」と「小太郎」に対する新しい造形を以て、原話とは相違な「青年の精神的成長」を描こうとした意図については、従来さまざまの観点から論じられている。ここでは中でも有力な尾形仂・徳田武・田中則雄氏の所説を検討しながら、庭鐘が粉本の趣旨を果敢に棄てて、「優柔不断から豪毅果断への精神的成長を明確に主題」とする理由について考えてみたいと思う。

まず尾形氏は、庭鐘の翻案態度について「中国白話小説と『英草紙』」[3]において次のように述べている。

> 当代の庶民の意識に立って当代庶民の生活を描いたところに特色のある「三言二拍」の中から、ことさらに過去の著名人に関する話や知的興趣をそそる話、中でも「鬧陰司司馬貌断獄」や「王安石三難蘇学士」などの歴史や政治にかかわりの深い話を選んで、史実を斟酌しつつ厳密な時代設定を施すとともに、その間に衒学的な知識や独自の史観を開陳している庭鐘の翻案の態度を顧みるならば、そこには中国

---

2) 「結末を、小太郎が正心をもどし、無事帰郷すると改めた庭鐘は、優柔不断から剛毅果断への精神的成長を、明確に主題としているのである。」(徳田武「読本における主題と趣向」『秋成—語りと幻夢—』有精堂、一九八七年、146頁)

3) 『文学』(一九六六年三月) 256頁。

> 白話小説の受容における一つの大きな屈折が考えられなければならぬであろう。すなわち、極端な言いかたをすれば、明人にあっては現代の庶民小説として創作されたものが、庭鐘においては士大夫の文学に近い性質を帯びた一種の歴史小説として受けとめられたのだということになる。

氏は、ことに改変の部分に顕著な庭鐘の道義性追求姿勢に対して、彼の「作家的衒学性」をまず挙げている。とともに氏は中国白話小説の本質、すなわち作者が当代一般庶民の立場に立ち、恋愛を中心とした彼らの日常生活をある通りに描こうとした姿勢を、庭鐘が「誤解・曲解」(すなわち間違って理解)した結果、庭鐘の小説がそれとはまったく異なった、士大夫文学に近い、思想性の濃いものとなったと指摘している。4)

徳田氏の場合は、

> 家門の継承の重みの前には、妓女との愛の貫徹などはほとんど一顧の価値だに与えられていなかった。一時は大に恥入り、心地くるはしく見へ」た小太郎は、白妙との恋も「浮花の身のうへ」の女との「浮気放蕩」であったと、あっさりと割り切ってしまう。それは、妓女への愛情というきわめて個人的なものを軽視し、家門という対社会的なものを重視する日本近世の価値観の反映であり、その点は「江口」は、

4) 同上、255-260頁参照。

近世的なあまりにも近世的な小説だった。[5)]

といい、妓女との愛情の成就という個人的な事情よりも、家門の継承という社会的な側面を重視しようとする日本近世的価値観の反映として、庭鐘の道義化姿勢を解している。またその一方で、次のように、

私の考えでは、庭鐘は、粉本の構成・措辞に翻訳とも称せるほど忠実に準拠しつつ、しかもなお全然別個のテーマを開陳してみせる所に、知的遊戯をる見出していたからである。[6)]

と、当時のエリート階級に属していた庭鐘の「知的遊戯・満足の所産」であるともいっている。

田中氏の場合は、当時の日本学界および文壇の動向、特に文学思潮の流れと関連させて、人間を、動機や心情に偏重して把握しようとする日本人の傾向に対して、庭鐘が批判を加えようとしたものと解している。

庭鐘と同様上方の中国白話小説流行の中に在った青魚

---

5) 徳田武「読本と中国白話小説」(『江戸文学と中国』毎日新聞社、一九七七年) 75頁。
6) 注1)前掲書、205頁。

> が、その「中華人」の人間観に対する理解に立脚しながら、「死を経んじて気味の能」き(情動的と換言できよう)人間像を志向するところに日本人の「国の風」を指摘するに至っている点である。……青魚は、人間をその心情の在り方に偏して把握する方法が、当代の社会のみならず文学をも貫流していることを看取していたのである。……庭鐘の意図は、また以下叙述する如き観点からしても、情愛と家門継承との軽重の問題にというより、第二節に検討した諸話、また“常盤御前の再縁”と一貫して、結果の如何を考慮せずして、心情、動機を絶対化することに対する批判に存したと解するんが妥当ではなかろうか。7)

そこで、庭鐘の翻案態度について論ずる従来の諸説は、次の点において共通している。

一、「道義的な性向」を庭鐘の改作上の最もの特徴として挙げる点。
一、庭鐘が文学を通して「倫理的・道徳的指針」を与えようとした、として捉える点。
一、道義性を標榜する庭鐘の読本が日本文学史の上では非常に斬新であった、とする点。
一、庭鐘をしてそのような斬新な内容の小説を出現せしめ

7) 「都賀庭鐘の読本と寓意―「義」「人情」をめぐって―」(『国語国文』第59巻第1号、一九九〇年1月) 26-29頁。

たのは、中国白話小説の影響に他ならない、とする点。

しかし注意すべきことは、諸論者多くその立脚点において、斯く同一な立場にありながら、然らば庭鐘はどうして「道義性」を志向するのか、あるいは追求しようとするのか、という問題になると、上述したとおり、論者によってその視点の違いが大きい、ということである。

筆者としては以上の尾形・徳田・田中氏の所説に接して気がつくことがある。それは、この人たちが庭鐘の改作上の特徴として「道義的または儒家的」であると評するとき、その語の指し示しているところが、三人それぞれ違うということである。尾形氏の場合、氏のいう庭鐘の「儒家的」な面貌というのは、

それら(「三言二拍」所収の作品群、筆者注)は、十六世紀後半から十七世紀中葉にかけての中国社会における商工業の発達を背景として、市民階級の間に芽ばえてきた民主思想を反映している点に共通の特色があり、なかんずく、それらの中でも最も大きな比重を占める恋愛小説の中に、身分意識を中心とした封建社会の桎梏に対する、平等な人間観の上に立った人間解放のたたかいの情神の、最も顕著な投影を認めることができる……要するにそれらの作品群は、当代庶民の心情に近い立場に立って、恋愛を中心とする庶民の生活を主として描いている点に、これらを士大夫の文

学と区別する大きな特色があったといっていい。[8]

中国白話小説に見られる顕著な特徴、中でも庶民の間の「恋愛」に関する話が、庭鐘の作品のうえでは影をひそめることである。そして、その代わりに、

これに対して、白駒や一斎が翻訳したり、庭鐘の翻案したりしたものは、どうだったであろうか。……白駒・一斎の訓訳を施した十三話のうちには、封建社会の桎梏下にしいたげられた女性を主人公にして、平等な人間観の上からその純潔恋愛を主張したといったたぐいの作品は、一つも採られていない。……庭鐘においても、白駒・一斎の場合と同じく、(あるいはそれ以上に)士大夫の文学的な性質を帯びた一種の歴史小説として受けとめられていた……かれらはそこに、単なる娯楽消閑の具にとどまらず、ある意味で政教につながり、儒学の一翼を担うべき意識を見出だす。庭鐘の翻案の中に、まま翻案にことよせた歴史批判や当代の政治批判が認められるのも、そうした小説認識の一つの現われであろう。[9]

当代の政治・社会への展望や批判が示されるようになることで

---

8) 「近世文学と中国文学—「三言二拍」の受容における一問題—」(『比較文学』潮文社、一九七二年) 199-200頁。
9) 同上、200-204頁。

ある。[10]徳田氏の場合は、前記したように、女性とくに妓女との愛情成就という、ごく個人的な問題より、家門継承という対社会的な側面を重要視しようとする姿勢が、庭鐘の儒家的面貌として捉えられている。

> 然重が小太郎を諌める場合、説得の論拠としたのは、女が妓女であることもさりながら、家門を継承することをより緊要事とする、という儒家的名分論であった。すなわち、妓女を愛人としている以上、父の怒りは解けないし、父の怒りが解けないからには、小太郎も郷里へ帰って家門を継

---

10) なお氏は、庭鐘が文学に「ある意味で政教につながり儒学の一翼を担うべき」ものとして　社会的意義を賦与し得た要因を、知識人としてのエリート意識に求めている。
「明人にとっては、大道の講釈の種本であり、当代の庶民文学であった'三言二拍'も、日本の学者にとっては、先進国の前代の文学だった。いわんやこれを解読するためには、普通の漢文の素養以上の最新の語学の知識を必要とする。かれらの受けとりかたに、知識人としての一種の偏向が伴なったのも、けだし、当然のなりゆきであったといえるかも知れない。……初期読本の代表にあげられる『英草紙』から『雨月物語』に至る一時期、それは、西鶴より八文字舎本につづく、政治・社会への展望と批判とを喪失することによって確立された浮世草子のリアリズムと、京伝以後の政治・社会への責任から解放された太平の逸民の戯作との中間にはさまれ、前期文人の余薫をとどめた文人的志向が、本来庶民文学である'三言二拍'の本質を曲解することによって、たまたま「文学」と「小説」との結合の果たされた、幸運なひとときであったということができるだろう。」(「近世文学と中国文学—「三言二拍」の受容における一問題—」前掲、204-207頁)

> 承することはできない。因って、妓女を棄てて家門を継承せよ、という論理である。[11]

田中氏の場合、庭鐘が女性主人公「白妙」を決して比重の少ない存在として否定的に取り扱っていないことを取り立てて、「江口」の主題を徳田氏のごとき「情愛と家門継承との軽重の問題」に求めようとしない。

> 徳田氏は、「家門の継承を重んじるという」「儒家的名分論の方が、妓女との愛情を全うする、という個人的モラルよりも重いものであり、従って白妙を他人に譲ることもさしたる罪悪にはならない、という庭鐘の考え方を反映したものである」とされるのであるが、私は庭鐘の意図を以下の如く解するべきであると考える。本編を一読して明らかな如く、庭鐘は白妙に対し、その自己貫徹を「俠」と評しつつ決して否定的には遇していない。それは白妙が遊女という「浮花の身のうへ」たるが故である。小太郎は家門継承の責務を放棄して情愛に殉じることは許されない。[12]

氏は更に進んで、庭鐘の作品における「義」の性格を綿密に分析し、それが元来対極の立場にあるはずの「人情」と背馳しない点を証拠に、庭鐘の意図を次のように説いている。

---

11) 注1)前掲書、202頁。
12) 田中氏注7)前掲論文、29頁。

> 儒教的文学観の伝統において、「道」と「情」は不可分のものと位置付けられてきたのであり、従って文学史の進展を「道の文学」と「情の文学」の対抗という構図の中に解消することは不可能であろうと考える。(中略)従来の文学史の記述においては、文学を道義性に基づくものと捉える文学観の意義は十分検討されていないように窺える。先にも触れた如く、文学における道義性の関与を否定する文学観の流れは、本居宣長の「もののあはれ」論に至り着いたものと考えるが、庭鐘の読本が、かかる主情的人情論では捉え得なかった「人情」のあり方に着眼し、それを小説化し得たところに、検討してきた如き、「載道」を踏まえて「情」のあり方を考えるという当代上方文壇の文学的理解の趨勢が深く関与していたのではないかと考えるのである。[13]

すなわち同時代の本居宣長(一七三〇～一八〇一)を頂点として展開された「主情的人情論」では捉えることの出来なかった、義理と背反しない、否むしろ道理とよく調和する「人情」のあり方に、庭鐘が着眼し、それを自分の文学に形象化しようとしたのだ、という。

しかし田中氏にあっても、庭鐘の立場が依然として「儒家的」として捉えられていることは間違いない。氏は、庭鐘的思考・思想の拠り所を、徂徠を初めとする多くの当代日本儒者の説

---

13) 田中則雄「「載道」と「人情」の文学説—初期読本成立の基底—」(『国語国文』第61巻第8号、一九九二年八月) 3-15頁。

を援用して説明している。同氏が、庭鐘の読本における「義」と「人情」との調和する様に注目し、しかもその背景となる思想を、当代日本の中心的な儒者の学説において求めることは、窮極的には、中国「載道論的文学観」の日本近世文壇における受容ないし浸透・深化の過程を明かす作業の一環として、私は理解している。

以上、まず『繁野話』「江口」に現れている道義的傾向と、その具体的な様相をあげ、それに対する従来諸説の主要たる主張を検討してみた。その過程で、庭鐘の作家性向を「道義的・儒家的」と評するとき、その道義的儒家的という言葉の指すものの内容が、論者によって同じではないことに気が付いた。すなわち、同じく道義的または儒家的という言葉を使用していても、人によってその語を以て指そうとするところは違っているし、また、違い得るのである。

この観点から、次節では、「道義的・儒家的」という時の、また別の意味合いを、韓国朝鮮時代の権韠[14](一五六九～一六一二)の作品『周生伝』(一五九三年)を通じて見てみたいと思う。このような考察を試みる理由は、そこに見出される新しい視点が、庭鐘小説における道義性の性格ないし特質をより明らかにし、なお庭鐘にそのような道義的姿勢を持たせた理由を考え得る、一つの手掛かりになるのではないかと期待されるか

14) 字は汝章、号は石洲。両班出身だったが科挙を受けず、44歳で非命横死を遂げるまで波瀾万丈の人生を送った。

らである。

2. 権韠の『周生伝』

ここに、韓国の朝鮮時代の権韠の作品『周生伝』を挙げるのは、前述した如く、庭鐘の『繁野話』「江口」と対比させるためであるが、朝鮮朝小説の中で特にこの作品を選んだ理由は、次の通りである。一つには、この作品が「江口」のように、中国小説との比較文学的な視点からよく論じられること。一つには、素材とテーマが「江口」に類似していること。一つには、作者の翻案・改作上の特徴として、「道義化」が指摘されていること。等からである。

まず、『周生伝』の内容を紹介することから始めたい。

> 蜀州に住む「周生」は何回も科挙を受けるがそのつど失敗する。結局、科挙を諦めて商売に出る。各地を転々としていた周生は故郷銭塘で幼なじみでもあり、今は事情あって遊女となっていた「俳桃」に出会う。二人は間もなく恋に落ちる。俳桃は近所の盧丞相夫人と親しくしていた。ところで周生は、盧夫人の娘である「仙花」を見て心を奪われてしまう。折しも盧夫人が仙花の弟である「国英」の学問の先生を

探していたところ。俳桃の紹介で周生は国英の先生となる。周生は仙花に接近し、深い関係を結ぶ。この事実を知った俳桃は、塞ぎ込んで病の床についてしまう。俳桃は回復できず、周生と仙花との結婚を勧めながら死んでゆく。その後国英の突然死に見舞われ、居場所を無くした周生は、湖州に住む親戚の所に身を寄せる。別れて恋い慕ってやつれていった周生・仙花二人は、親戚張氏の助けを得て婚約するに至る。しかし結婚を間近にして、隣国朝鮮に壬辰倭乱が勃発するので、周生は中国の救援兵として徴発される。従軍途中、周生は病気にかかり、朝鮮の松京地方に残留される。周生は偶々そこで知り合った著者に一部始終を語る。

梗概からうかがわれる如く、『周生伝』は「江口」のような、若い男性と妓女との愛の物語である。

この作品の主題をめぐっては従来さまざまな観点から試みられている。なかでも有力なものは次に挙げるような、主に「周生」すなわち男性の利己的な愛情観を中心として捉える立場である。あるいは男性の本性の一面をよくあらわしたものとして、あるいは「楽而不淫 哀而不傷」志向の作家の勧善的意図が効果的に描かれたとして肯定的に評されている。

この作品は伝奇小説の体裁を完全に揃えた、我が国漢文小説の最初の傑作といえる。この作品は艶情類小説の中でも非常に優れ、唐代艶情小説としてあの有名な元稹の「会真記」に匹敵するものである。これは周生・俳桃・仙花という、三人の男女間の恋愛関係を描いたもので、男性の貪慾と利己的思惟、女性の天性的な愛慾と嫉妬心を如実に描きだしている。[15]

この作品では、我が国の古典小説にめったに見られない独創的なプロットやテーマが設定されている。愛を捧げた男に裏切られて病死する女性をこの作品で初めて見るし、妓女から良家の娘へと心を移す男性の利己的な愛も初めて見る。……特に男性主人公の、賎しい妓女との愛情より、丞相の娘という良家の女性を選ぶという、利己的な愛情観を、現実のものとして受け止めるなら、この作品は一つの現代小説と言って差し支えない。[16]

『周生伝』は男女の愛の物語である。しかしその主題的意味の本質、すなわち立言本意は勧善懲悪にある。……周生は放蕩な人物である。これは俳桃・仙花との愛情行脚のくだりを見ればよく分かる。即ち、俳桃との愛情生活の耽溺、俳桃より美貌の優れた仙花との愛情行脚、これによる俳桃への裏切り、これらは全て周生の反「楽而不淫」的な行動に

15) 文璇奎「朝鮮時代の漢文学」(『韓国漢文学—概論と史—』二友出版社、一九七九年) 277頁。
16) 金起東「周生伝」(『李朝時代小説の研究』成文閣、一九七四年) 310-311頁。

> よるものである。……作者は周生という放蕩な人物に「楽而不淫 哀而不傷」の情神を覚醒させて、性情の正しい引導、すなわち勧善している。17)

作者権韠の周生造形に対する論評の中には例えば次のようなものがあるが、これは「江口」における庭鐘の小太郎造形に対しても同様にいえる気がする。

> 『周生伝』の小説的限界は、作者の主人公に対する視角にその一次的な要因がある。……男が功名を立てれば女は自然とついてくるものだ。だから、一介妓女のためにくよくよする必要はない。という論法である。もちろん周生を慰めるための言葉ではあるが、当時の通念であり、常識でもある。周生が俳桃との固い約束をいとも簡単に破ったのは、彼女が妓女であったからに他ならない。18)

このように「江口」と『周生伝』において若い男性と妓女との恋愛話、それも妓女の純情を裏切るというやや非情の男が描かれるという同一素材が見られ、なお、作者の男・女主人公に対する視角も両方にどこか一脈相通ずる点がある、ということは

---

17) 宋宰鏞「周生伝」(『古典小説研究』一志社、一九九三年) 877-878頁。

18) 林熒沢「伝奇小説の恋愛主題と《韋敬天伝》」(『東洋学』22、東洋学研究所、一九九二年) 35頁。

興味深い。しかも次節に検討する如く、かかる素材および人物造形がもつ両国文学(小説)史における意義はだいぶ異っているのである。

それでは、『周生伝』にあらわれている「道義化」様相に目を移してみよう。

この節の最初に『周生伝』が「江口」のように中国文学との比較文学的な観点からよく論じられていると述べたが、『周生伝』に及ぼしている中国文学の影響に関する研究はこれまで少なくない。たとえば、金鉉龍の『韓中小説説話比較研究—『太平広記』の影響を中心に—』[19]、蘇在英の「石洲権韠小論」[20]、王淑誼の「周生伝の比較文学的研究—霍小玉伝・鴬鴬伝との比較を中心に—」[21]、鄭珉の「『周生伝』の創作基層と文学的性格」[22]などがその代表的なものである。

ところで、これらの研究では、どちらかといえば典拠中心の、つまり中国小説から『周生伝』への影響の如何を問う問題が主眼となっている。そうして、本書における主な関心事である、中国文学からの改変(換骨奪胎)の部分、とくに「道義化」側面を指摘し、なおかつ、その改作の理由を探ろうとして、背景的(歴史的・社会的)な脈絡にまで視野を広げているのはめっ

19) 一志社、一九七六年。
20) 『崇田大学校論文集』6、一九七六年。
21) 漢陽大学校大学院碩士学位論文、一九八六年。
22) 『漢陽語文研究』9、一九九一年。

たに見当らない。管見の範囲では、次にあげる金鉉龍氏の論がこのような点を述べるほとんど唯一のものではないかと思われる。そこで、まず『周生伝』にあらわれている「道義化」現象について言及する同氏の所説を検討してみたい。

金鉉龍氏は『韓中小説説話比較研究—『太平広記』の影響を中心に—』の中で、俳桃が死ぬまでの『周生伝』の前半を『霍小玉伝』に、後半を『鴬鴬伝』に対比させている。氏は、登場人物の性格・構成、事件の進行、プロット等、それの一致または類似点をあげて、両方の詳細な比較検討を行っているが、ここでは『周生伝』における改作上の特徴として「道義化」が指摘される次の部分を引くことにしたい。

周生伝	霍小玉伝
(1)周生は結婚前に娼妓と関係を結び不忘記を書いて将来棄てないことを固く約束する。(「霍小玉伝」から影響を受けて)	(a)李益は結婚前に娼妓と関係を結び、不忘記を書いて将来を約束する。
(2)周生は約束を破って良家の女性に接近し深い関係を結ぶ。仙花の家に泊まり込む。	(b)李益は親の強要によって良家の娘と結婚する。小玉が一目会いたいと切実に請うが、李益は彼女を遠ざける。

(3)俳桃は周生が自分を裏切った事実を知って彼を追及する。周生は仕方なく俳桃にもどってくるが、仙花を忘れることができない。 ※仙花との愛情行脚が「鴬鴬伝」にそって長く付け加えられている。	(c)李生の結婚事実を知った小玉は歎きにかきくれる。李生は他力で小玉と対面せざるをえなくなる。 ※結婚生活について詳しく書かれていない。
(4)裏切られて病気を得た俳桃は死にいたる。俳桃は周生と仙花の結婚を勧め二人の幸せを祈りながら死んでゆく。俳桃の犠牲情神があらわれている。	(d)李生の背約によって病気にかかり、そのため死んでゆく小玉は、必ず寃鬼となって復讐すると誓う。
(5)仙花との結婚が約束される。	(e)寃鬼によって結婚が全部失敗に終わり、李益は不幸になる。

論旨の展開上重要なので、右の(4)(5)・(d)(e)における俳桃に対する改変が指摘されるところをもっと詳細に見てみよう。周知のごとく、唐の文言小説の中でも有名な蒋防の『霍小玉伝』は、書生「李益」と妓女「霍小玉」の恋愛を描いたものである。二人は親密な仲だったが、李益が親の勧める良家の娘である盧氏と結婚することによって悲劇が始まる。別れてからただ一目会いたいと何度も願い求める小玉を、李益は冷たく遠ざけ

る。小玉の恨みは募るばかりである。結局小玉は、周生の背信による長い患いのため死に至る。臨終が迫ったとき、小玉を可愛そうに思う(周生の親友)「韋夏卿」の助けで小玉は周生と対面することとなる。この場面で小玉は、自分は死んで必ず幽霊となって、あなた李益を苦しめ最後まで不幸にさせます、と呪って世を去るのである。

> 小玉は横を向き、顔をそむけたまましばらく李を横目でにらんだ末、杯をあげて酒を地にそそぎながら、「女のわたしはこのようにはかない運命、男のあなたはそのような裏切り、わたしはこの若い身そらで、恨みをのみながら世を去ります。家には母親がありながら、孝養をつくすこともできませぬ。綺羅のよそおいも管絃のたのしみも、もうこれきりおしまいですわね。黄泉の先まで悲しみを残すのも、すべてあなたのしたことです。李さま、李さま、今日こそ永久にさようなら。あたしは死んだらきっと幽霊になって、あなたの奥さまやお妾たちを、一時も落ちつかせてはおきませんから」といい、言い終ると左手を伸ばし、李の胸をつかむと、杯を地面へ叩きつけ、何度か声長く泣き伏して息が絶えた。[23]

ところで『霍小玉伝』を下敷きとして物語を構成している『周

23) 『唐代伝奇集(1)』(前野直彬編訳、平凡社、一九六三年) 116-117頁から再引用。

生伝』では、『霍小玉伝』のそれこそハイライトともいえる、小玉が忌わしい呪いを李益に言い残す、正しくこの辺りが、次のように変えられている。

俳桃はふさぎ込んで病の床についてしまう。息を引き取る前に周生の膝を枕にして涙を抑えながら、俳桃は言う。「だいたい女というものは、若いうちはちやほやされますけれども、そのうち年を取ると、捨てられるに決まっています。でも、いくら何でも、私はまだこんなに若いんです。この若い身空ではかなくなるとは…。今日限りであなたとも永遠にお別れですね。もう、綺羅の装いも、管絃の楽みも、昨日までの願い事も、すべて不要なものとなりました。ただ最後に一つだけお願いがあります。私が死んだら、どうぞ仙花さんと結婚なさってください。それから私をあなたがよく往来なさる道のほとりに埋めてくださいませんか。そうしてさえいただければ、私は死んでも生きていた時分と同じように心安らかに眠りにつきます。」言葉を終えた俳桃は気を失ってしまった。暫くしてから、生き返った俳桃は、周生を眺めながら、「周さま、周さま、どうか御自愛下さい……」と、何度も言ってから、息を引き取った。[24]

---

24)「俳桃得病不起　将死　枕生膝含涙而言曰　妾以葑菲之体依松之余陰　豈料芳菲未歇　鶗鴂先鳴　今与郎君便永訣矣　綺羅管絃従此畢矣　夙昔之願已欠然矣　但望妾死後　郎君娶仙花為配埋我骨於郎君往来之側　則雖死之日　猶生之年　言訖気絶　良

見ての通り、『周生伝』の作者は『霍小玉伝』を殆どそのまま踏襲しながらも、小玉の幽霊化のくだりを思い切って削除している。[25)]つまり、俳桃は小玉とは正反対に周生はもちろん、恋の敵である「仙花」の幸せをまで心から祈りながら死んでゆく、まるで天使のような姿として描き出されているのである。

久乃甦　開眼視生曰　周郎周郎　珍重　連言数次而死」

25) このことは日本の近世作者たち、特に秋成や京伝などの読本作者の『霍小玉伝』の受け入れ方とは極めて対照的である。
「京伝は「霍小玉伝」のいずこに最も感嘆したのであろうか。李益と小玉が詩の縁をもって結ばれ、終生の盟約を交わすが、李益の赴任のために別離せざるを得ない甘美な前段であろうか。それとも李益と破約のために小玉が病み辛苦し恨み歎く哀切な中段であろうか。はたまた、李益が小玉のもとに連行され、小玉から非難され、ついにはその死霊の祟りによって数人の妻妾が苦しめ害せられる悽惨な終段であろうか。どの部分を取っても「霍小玉伝」は情緒豊かで、精采人を動かす筆力を備えている傑作なのであるが、とりわけ盧氏を始めとして複数の妻妾が苦しめられる死霊の祟りのすさまじさ、強い執念の描写に京伝が衝撃を受けたのではなかろうか。なぜならば、甘美な親昵や哀切な別離の話は他の小説にいくらでもあるが、このようなすさじい女性の怨念の描写、鬼気迫る祟りの描写は、他の小説にあまり見られないものだからである。……京伝の「霍小玉伝」を読んだ上での衝撃は、もし秋成がそれを読んでいたとすれば、やはり同様なものがあったのではなかろうか。否、一途な執念を好んで題材とし、怪異の描写に心血を注ぐ秋成ならば、京伝以上に「霍小玉伝」の女性の執念のすさまじさ、復讐の悽惨さに打たれることがあったかも知れぬ。そして、京伝以上にそれを自作に導入しようと考えるかも知れぬ。」（徳田武「翻案という方法—「吉備津の釜」と「霍小玉伝」—」『国文学—解釈と教材の研究—』一九九五年六月）

さて、疑問が起こる。このような、すなわち妓女俳桃の一方的な自己犠牲を強調するような『周生伝』における道義化様相とは一体どこから由来するものだろうか、という。李慧淳氏の次のような指摘は、これを考えるにあたって非常に示唆的であると思われる。

> 翻訳をする人は、我々に無かった新しい主題の作品を選びながらも、特に我が国の伝統的な倫理観に抵触しないように加筆している。このような翻訳者の加筆を通して、我が国の倫理的特質を確認することができよう。[26)]

以下、妓女俳桃を中心としてなされている『周生伝』における道義化様相を、朝鮮朝の「伝統的な倫理観」に関連付けて考えてみたいと思う。

前掲した金鉉龍氏は、俳桃の翻案上の改変を指摘するとともに、そのような道義的な改変様相の要因を、「朝鮮朝社会の倫理観」に求めていて注意を引く。

> この比較表から見ると、娼妓の運命的な不幸を犠牲的に処理し、封建社会の道徳観を極めて強要する典型的な朝鮮朝の倫理観に立脚して、合理的な方向に変えていることが

26)「韓国古代飜訳小説研究序説—楽善斎本「今古奇観」を中心に—」(『韓国古典散文研究』同化文化社、一九八五年) 230頁。

> 分かる。(4)(5)—(d)(e)において、悪鬼を柔順に犠牲する韓国女性に代置しているのが、それである。小玉みずから、自分は娼妓なので一人の夫に仕えることが出来ない。だから李生が結婚するまで自分を愛してくれればそれで十分だ。その後は髪を切って尼になる。といっておきながら悪鬼と化する矛盾性を朝鮮朝の人は「周生伝」で俳桃をして自分との約束を蔑ろにして裏切った周生は勿論、その恋敵仙花の幸せまで祝って死ぬという忍従の美徳として表現している。このように「霍小玉伝」と正反対に話を構成している点は、朝鮮朝社会の封建的倫理観の強い反映であると見ることができる。[27)]

氏の指摘されるように、妓女の姿が俳桃のように犠牲的に処理されていることが、はたして「合理的」であるといえるのかどうか疑問の残るところである。が、ここではその当否はしばらく措き、『周生伝』に現れている作者の意図的な改変を、朝鮮朝社会の封建的倫理観によるものとするのは妥当だと思う。

ただし、金鉉龍氏の場合、その「典型的な朝鮮朝の倫理観」というものを、先の引用部に「封建社会の道徳観を極めて強要する」とある如く、「男女有別」「女必従夫」「夫乃天」「男尊女卑」などの、

27）前掲書、303-304頁。

> 生活観念に儒家思想が徹底的に支配していた朝鮮朝社会では、男尊女卑思想がとりわけ強かった。また多妻制が容認されていたから、家庭の秩序を維持するために女性の猜忌や嫉妬は許されなかった。……多妻で構成されている家庭において、女性の間の嫉妬と猜忌とは本能的な欲求だから、その葛藤は不可避な現像であったはずである。しかし社会的規範はそれを容納しなかった。ために、小説においても本能的欲求と規範との対決となれば、規範の勝利に決まっている。それはいうならば作家意識が本能的な欲求を度外視して社会的規範に同意することを意味することでもある。[28)]

朝鮮社会の男性中心的な、言い換えれば女性蔑視的な封建倫理思想を指す傾向がとても強いようである。筆者は勿論これを否定するわけではない。しかし、これとともに俳桃に投影されている「典型的な朝鮮朝の倫理観」というものに、以下叙述する如き観点が含まれているのではないかと考えている。

朝鮮時代の小説は千篇一律的に「倫理的」であるといって過言ではない。

> 朝鮮時代の小説は、自然も、或いはそれが生んだ天変も、また運命もすべて倫理的である。それが、素朴なヒューマ

---

28) 車溶柱「両妻および両妻間の葛藤様相に関する考察」(『古小説論攷』啓明大学校出版部、一九八五年) 195-196頁。

> ニズムの所産なのか、それとも儒教的な天観の結果なのか、簡単には断定しかねる。善良な人間には自然も運命も敵うことができない。人間が善良なかぎり、悲劇は起らない。倫理がただ一つの、そして最後の力であり、勝利者である。童話的ともいうべき、素朴な詩的正義が、朝鮮朝小説を支配している。[29)]

ここで考慮すべきは一般的に朝鮮朝小説において「道徳的」「倫理的」「道義的」という時、それの指す内容というものが、引用からも窺われるごとく、その大概が「よい心根の、善良な人間」のことを指す、ということである。そして、このことは韓国思想の独特な特徴である、儒学特に朱子学でいう「本然之性」に対するほとんど信仰に近い絶対的な信頼態度と深く関係しているように思われる。[30)]

姜在哲が次のように述べるごとく、

> 古典小説において現実認識問題の出発点および帰結点は、ともに善・悪にある。先人達は、先天的に持って生まれる本性、すなわち善の回復が、全ての現実的な問題を解決してくれると信じてやまなかった。つまり、本性さえ回

---

29) 金烈圭「韓国文学と人間像」(『韓国思想大系Ⅰ・文学芸術思想篇』大東文化研究院、一九七三年) 286-287頁。
30) 第4章第2節「前期読本にあらわれている思想性の特質」のところをあわせ参照されたい。

> 復されれば、現実の問題は自ずから解決すると、考えたのである。彼らは、今日の我々のように、現実認識の問題に重点を置くのではなく、人性の教化にもっとも重点を置いたわけである。31)

朝鮮時代の作家は人間の本性は本来善であるとしか考えられなかった。したがって、人々が自己内部にある純善の本然の性をさえ自覚し復元(回復)することができれば、現実のあらゆる問題は自ずから解決されると信じて疑わなかったのである。

『周生伝』はたまたま多少悲劇的な結び方となっているが、朝鮮朝小説の大部分はハッピーエンドで終わる。

> 古小説では幸福な結末で終わる構成がほとんどである。『雲英伝』を含め、幾つの作品だけが悲劇で終わっている。したがって、古小説の構成原理は、幸福談で終わる、といって過言ではない。32)

> 韓国の古典小説は中国小説の影響を受けて発展しながらも、それの持つ悲劇性は中国小説とはまったく軌を異にしている。つまり中国小説は悲劇、喜劇、あるいは喜悲劇な

---

31) 「古典小説における善・悪人物の性格把握問題」(『古典小説研究』前掲) 129頁。
32) 李樹鳳「人物論」(『韓国古小説論』亜細亜文化社、一九九一年) 231頁。

> どと多様な構成となっているのだが、韓国の古典小説は、話が長いとか短いとか、早い時期のものなのかそれとも後代なのか、ということに関係なく、その殆どにおいて悲劇性が除外され、喜劇を以て終結されている。[33]

このとき、登場人物の「道徳性」=「善良さ」は、「幸福な結末」をもたらす最も有力な根拠となる。

> 道徳的当為性は幸福な結末を齎す最も確実たる根拠である。道徳的当為性が確実に存在し、善人はもちろん悪人まで支配すると信じられていたからこそ、幸福な結末はいつも保証されて当然であった。[34]

要するに、韓国の古典小説に常時見られる、めでたしめでたしで終わる「幸福な結末」も、韓国人の道徳志向的な性向[35]と深く結び付いているといえよう。

では、朝鮮時代の作家たちは何故にあれほど強い道徳志向性を持つのだろうか。金明順氏は韓国の古典小説の作家が幸福な結末を好む理由について次のように説くが、

---

33) 丁奎福「韓中古典小説に現れた悲劇性」(『韓中文学比較の研究』高麗大学校出版部、一九八七年) 253頁。
34) 趙東一「前代小説の連続としての新小説」(『新小説の文学史的性格』ソウル大学校出版部、一九七三年) 104頁。
35) 小倉紀蔵『韓国は一個の哲学である』(講談社、一九九八年) 10頁。

韓国の古小説の結末構造が幸福なものになっている理由は、作家たちの、儒教主義に根拠する現実主義的な思考と、限界状況下で不幸になるしかない人間に対して、夢すなわち希望を提供しようとする意図による。また、もう一つの理由は、教訓的な意図として、唯一の生の空間である現実において、人間は善良に生きなければならないという意識を、強く植え付けさせるためのものであったといえよう。[36]

朝鮮社会では性理学の志向する必然的結果として「道徳教化」を強調しないわけには行かず[37]、つまり作家たちは小説を通して朝鮮王朝が志向する道徳倫理的な人間像を具体的に提示し、より強力に人々の人性の教化を図ろうとしたものと考えられる。

善良な女性達は決まって経世佳人であり、みな貞淑・犠牲的な女性として描かれている。その反面、悪い女性達は極

---

36) 「韓国古小説の悲劇性と結末構造」『翰林大学校論文集』21、一九九一年。

37) 「朱子学では「聖人、学んで至るべし」と説いて、本然の性を内在している以上、誰にでも道徳的修養を通して聖人になる可能性が開かれていると考える。この主張は、どのような人間にも存在の価値があるという人間肯定論として機能する一面をそなえていたから、道徳教化に有力な根拠を提供することができた。」(日野龍夫「儒学と文学」『江戸文学と中国』前掲、208頁)

> めて醜い女として造形されている。これは朝鮮朝人の追求したモラルの規準を表わすものであり、千篇一律的な主題の偏重性は、社会教化の意識的な執念を代辯するものである。[38]

以上のことから、妓女俳桃の犠牲精神を何より強調するような『周生伝』における道義化の様相とは、きわめて男性中心的な朝鮮朝の家父長制倫理観の反映であるとともに、人間内部における道徳的な本性(本然の性)の内在を固く信じて、それの発現を何より重要視する作家たちの道徳志向的な精神姿勢が、そのまま投影された結果の産物として捉えることができよう。

38) 金用淑「朝鮮朝女人像」(『朝鮮朝女流文学研究』ヘチン書館、一九九〇年) 85頁。

第 3 章
朝鮮朝小説における主題継承の特徴とその背景

1. 恋愛主題の強調

前述したように『繁野話』第八篇「江口の遊女薄情を恨て珠玉を沈る話」と同じような素材と主題をもつ『周生伝』であるが、しかし『周生伝』の韓国文学史における位相は「江口」のそれとだいぶ違っている。周知の通り「江口」を含めて庭鐘の読本がもつ日本文学史における意義ないし価値とは、庭鐘が当時大々的なブームを呼んだ中国白話小説の影響を受けて、娯楽性本位の従来の文学傾向から脱皮して、文学に「人生に有益な思想」を内包することを主張・表明した点にある。

「鄙言却て俗の儆となり、これより義に本づき、義にすすむ事ありて、半夜の鐘声深更を告るの助とならんこと、近路行者 千里浪子の素心なる哉」と答えている。古典も娯楽性を伴う。本書は娯楽ながら、古典と同じく人生有義な思想を含んでいることを述べたものである。庭鐘は、ここで娯

> 楽性のみ走った八文字屋本風を嫌って、思想性も豊かな中国白話小説の洗礼を受け、新しい小説は、よろしくかくもあるべしと述べているのである。1)

この「人生有義な思想」というものが具体的に作品のうえでは、例えば「江口」に即していえば、前章第1節において検討したような、尾形・徳田・田中氏の指摘する「儒家的・道義的」面としてあらわれている部分であることはいうまでもない。

このような「江口」に対する評価に反して、『周生伝』を論じるうえでは思想性、つまり道義的な面が取りあげられる場合は極めて少ない。そうして『周生伝』が韓国の文学史家によって評価される側面は主に次のようなところである。

> この作品は色々な側面で初期小説と後代小説をむすぶ橋梁的な特徴を備えている。例えば〈李生窺墻伝〉のように、男女間の悲劇的な愛情を取り扱いながら、後代英雄小説類に見られるような男性主人公を中心とする一代記的形式を取っている。男女愛情関係においても、後代の代表的な愛情小説の類型である「妓女身分葛藤型」愛情小説におけるごとき典型的な人物として妓女が登場している。また英雄小説類とはやや違う事実的な形ではあるが、男性主人公とかかわる戦争モチーフが出ている。この作品は以上のよ

1) 「初期読本の作家達」(『中村幸彦著述集』4、中央公論社、一九八七年) 212頁。

> うに朝鮮前期の伝奇的愛情小説とその脈を共にしながら、朝鮮後期大衆的英雄小説・愛情小説の特徴をあらわすモチーフを共有している。[2]

すなわち、前代文学からの継承側面として、「愛情主題」が、後代文学への影響側面として、女性主人公として「妓女」が登場するということが、その主な評価対象となっている。

朝鮮朝小説では草創期から「恋愛(愛情)主題」が非常に重視されて、後代にまで絶え間なく反復・再生されている。

> 我が国最初の小説作家である金時習も『金鰲新話』において非現実的でありながらも男女間の愛情問題を取り扱っているのを見ると、韓国小説ではその発生期から男女間の愛情問題が中心的なテーマであったことが分かる。十六世紀宣祖朝に至って、十五世紀に発生した小説文学を継承した作家たちもやはり男女間の恋愛問題を最も重要な問題として意識していた。例えば権韠の「周生伝」がそのような作品であり、作者未詳の『雲英伝』『英英伝』『王慶龍伝』『紅白花伝』なども皆そのような作品である。[3]

しかも「恋愛主題」を標榜する作品の多くにおいて、女性主

---

2) 朴逸勇「周生伝」(『韓国小説作品論』集文堂、一九九〇年) 69頁。
3) 金起東「韓国小説発達史　中」(『韓国文化史大系Ⅴ・言語文学史(下)』高麗大学校民族文化研究所出版部、一九六七年) 1042頁。

人公として、朝鮮社会でもっとも非人間的な待遇を受ける下層階級の一つであった「妓女」が登場しているのである。

> 愛情談は古今東西を通じて小説の共通的な素材であるといえる。艶情類の愛情小説はいうまでもなく、英雄軍談類の小説、家庭小説などに至るまで、男女間の愛情問題とは事件展開上非常に重要な役割を果している。また、韓国小説の艶情類では妓女が女性主人公として登場しているのも一つの特徴をなしている。4)

> 妓と婢は朝鮮時代において非人間的な待遇を受けた下層存在である。彼等は身分の特殊性によって古典小説で類型的な性格を帯びている。特に妓は「妓女像」と題することが出来るほど、数多くの女主人公として登場している。5)

では、以上に見られるような朝鮮朝小説の共通的な特徴、なおそれと密接に関係すると思われる『周生伝』に対する評価は一体どこから由来するものだろうか。まず朝鮮朝小説の中に「恋愛主題」が頻繁に取り扱われることから考えていきたい。

金東旭氏が次のように述べるごとく、朝鮮社会の支配層で

---

4) 崔三龍「素材論」(『韓国古小説論』韓国古小説研究会、亜細亜文化社、一九九一年) 214頁。
5) 徐京希「漢文短篇にあらわれた李朝後期の女人像」(『韓国漢文学研究』3、韓国漢文学研究会、一九七九年) 236頁。

ある両班士大夫は男女関係を不道徳なものとして認識する傾向がとても強かった。

> 朝鮮時代の人々は「夫婦有別」といい、夫婦はお互いにまるでお客さんをもてなすように行動すべきであった。大家族主義の下で若い夫婦でも愛情の表現(執手・秋波・接語)には慎まなければいけなかった。接物・抱擁などは考えることすら出来なかった。……このような性のタブーは凡東洋的なものではあるが、それでも中国や日本ではいわゆる淫書・淫画が氾濫する。しかし我が国は枯談そのままだった。女性の地位が最悪の時代であった宋代の儒教思想が士大夫によって信奉された朝鮮では、愛と性は罪悪視されたといって過言ではない。[6)]

こうした認識によって両班士大夫は男女を隔離させ、その対面・会話さえも固く禁じたのである。金栄洙氏はこれについて、

> 士大夫は男女間の微妙な感情(愛情・妬忌・情欲等)さえも厳しく取り締り、教化すべき対象とした。それが治国のための重要な要素であると考えたのである。その理由は、結果として現われるだろう弊害を事前に防ごうとする意図

---

6) 金東旭「韓国文学の基底」(『古典文学を求めて』文学と知性社、一九七六年) 15頁。

からである。すなわち、男女間の情欲を押さえることによって、前代の混乱の状態を克服でき、好ましいよい風俗をつくることができると認識していたのである。[7]

と述べ、朝鮮時代の士大夫が厳格な男女観をもつようになった理由を、彼等が前代高麗の滅亡原因を、男女の間の性的紊乱による倫理紀綱の弛緩に置いていたことと関係するとしている。その当否はとにかく、朝鮮朝士大夫が朱子学に基づく厳しい倫理意識の涵養を以て社会の安定を図ろうとしたことは間違いないといえる。

両班士大夫(=儒者)は書物も道徳的な趣旨から書かれないのは低くしか評価しなかった。いきおい小説に対しては厳しく、強い批判を加えている。[8]

---

7) 「「男女相悦之詞」攷」(『漢文学論集』四、檀国大学校漢文学会、一九八六年十一月) 116頁。
8) 朝鮮朝の儒者達の小説排撃については既に諸論文が備わっている。次に挙げるのはその代表的なものである。李家源「英正代文壇における対小説的態度」(『延世大学校八十周年紀念論文集・人文社会科学篇』一九六五年)、大谷森繁「李朝文人の小説意識—李朝小説の覚書(二)—」(『朝鮮学報』48、一九六八年)、呉春沢「朝鮮前期の小説意識」(『語文論集』23、高大国語国文学研究会、一九八二年)、張孝鉉「朝鮮後期の小説論—筆写本小説の序・跋を中心に—」(同上), 李文奎「国文小説にたいする儒学者の批評意識」(『韓国学報』31、一九八三年六月)、宋鎮韓「朝鮮朝両班士大夫層の小説観考察」(『開新語文研究』7、忠北大学校開新語文研究会、一九九〇年五月)

小説雑記は……鬼神あるいは怪異な話でなければ、すべてが男女に関する話ばかりである。歴史書にはとうてい及ぶべきものではない。[9)]

私は幼い頃十種類余りの小説を読んだことがあるが、みな男女間の風情を描いたものばかりであり、それも巷間の卑俗な言葉で書かれている。中でも甚だしきものは、淫乱で穢らわしい話とか、偏僻でよくない話ばかり並べて、人々の目を楽しませるに汲々としている。それでもなお、恥ずかしいことを知らない。……小説は人の心を乱すものである。子弟に読ませてはいけない。[10)]

考えるに、最近の女性達が専念しているものといえば、もっぱら稗説ばかりである。稗説は日毎に増えてきて、今や千百種類に至っている。貸本屋ではこれをきれいに書き写して料金を取って貸し出し利益を得ている。婦女子達は無分別なまま、ある人達はかんざしや腕輪などを売って、ある人達は借金までしながら、本を借りては一日中それを耽読している。[11)]

---

9) 「小説雑記……非鬼神怪誕之説　則皆男女期会之事　其不及諸史遠矣」(鄭泰斉『天君演義』序)

10) 「余幼時看十余種　皆男女風情　閭巷鄙諺　甚者敷淫穢　演僻怪　務悦人目　不知羞恥(中略)小説最壊人心　不可使子弟開看」(李徳懋『青荘館全書』巻五、「嬰処雑稿」)

11) 「窃観　近世閨閤之競以為能事者　惟稗説　是崇日加月増　千百其種　儈家以是浄写　凡有借覧　輒収其値以為利　婦女無識

小説に対する諸論評の中で殊に上の内容を引いたのは、単に朝鮮朝儒者の小説に対する批判姿勢を窺うためではない。それもさることながら、これらの論評を通じて、当時儒者たちの強力な小説排撃にもかかわらず、小説が人々特に婦女子たちの間に深く浸潤していたこと、さらにその内容というものが、士大夫の最も恐れた方向へ向っていたことを指摘しておきたかった。

林熒沢氏は、伝奇小説に顕著にあらわれている「恋愛主題」について述べるなかで、その歴史的な意義を次のように説いている。

> 硬直した道徳規範が当為のイデオロギーとしてはたらく場合、情欲が悪として否定されるのは、必然の帰結である。東洋の中世期に人間性が束縛された精神的要因は、ここにある。また、小説が長い間文学としての地位を獲得し得なかった事情もこのイデオロギー的な偏向と無関ではない。それから、伝奇小説における恋愛主題がもつ歴史的な意味合いも、正にこの点に求められよう。12)

つまり氏は「情欲」を「悪」として見做しがちであった東洋の中

見　或売釵釧　或求債銅　争相貰来　以消永日」(蔡済恭『樊巌集』巻三三、「女四書」序)

12)「伝奇小説の恋愛主題と《韋敬天伝》」(『東洋学』22、東洋学研究所、一九九二年) 30頁。

世期に、そのような時代的限界・桎梏に対する当時の人々の一種の抵抗精神のあらわれとして、伝奇小説における恋愛主題を解している。筆者は基本的にこの観点を踏えながら、朝鮮朝小説における「恋愛主題」の頻出現像について考えてみたいと思う。

林熒沢氏の指摘にもあるように、近代以前の時代では世界のどの国においても程度の差はあれ人間性の抑圧が行われていた。それが朝鮮社会では人間にとって本来的な、男女の間の自然な欲求さえも否定的に捉える傾向があった。従って、東洋[13]共通の時代的限界・桎梏といえども、朝鮮では朱子学一遍の強力な思想統制によって「情欲」を「悪」として悪く評価する面においてはより深刻な様相を呈していたといわざるをえない。『小学』巻之二「明夫婦之別」に「曲礼曰　非有行媒　不相如名　非受弊　不交不親」とあるが、朝鮮社会ではこれが非常に尊重されて、男女が仲立もないまま知り合ったり、聘幣の交換無しに結ばれたりなどしては、社会的な軽蔑の対象とされた。自由な男女交際は考えにくい社会だったといえよう。

朝鮮の人々は、現実社会では到底叶うことの出来そうもない「男女間の真率な艶情事」[14]をせめて夢の世界、すなわち虚構の世界においてでも味ってみたいと思うようになる。このよう

---

13) 本書では主として中国・日本・韓国の三国を指す。
14) 鄭鉒東「艶情小説の出現動因と系譜」(『古代小説論』蛍雪出版社、一九九四年) 281頁。

な要望・要求が自然に、多くの恋愛小説を発生させる動因、原動力となるのである。

> 朝鮮時代は儒家思想の絶対的な影響によって男女の交際は厳しく制限された。それにも拘わらず古小説では、当時の社会の実情とは掛け離れた(結婚を前提とする)男女交際が、数多く描かれている。それも、時には男性達よりも女性達の方がもっと積極的で大胆なのである。このような社会の実相とは異なる男女の恋愛話が作品に多いということは、異性間の感情というものが道徳とか制度的な規範を以て押さえられるべきものではないからである。なお、規範によってその度が過ぎるほど抑制させられていたものだから、抑制された感情を作品を通してでも解消しようとし、そのようなことから多く著作され、よく読まれたものと考えられる。15)

2. 女性、特に妓女主人公の活躍とその背景

かかる人々の切実な要望によって出現するようになった愛情小説は、おおかた次のような内容となっている。まず男と女が

15) 車溶柱「主題論」(『韓国古小説論』前掲) 180頁。

出会い、一旦わりなき仲となる。が、それも束の間、二人は様々の障碍要素にぶつかるようになる。しかし、男・女主人公たちは決してそれに負けない。最後に、二人はすべての困難を乗り越えて、めでたく結ばれる。要するに、男・女主人公は専ら愛情の成就のために生まれ、生きるといえよう。二人にとって道理より何よりも、愛情の成就が大事である。ひたすら愛情の実現に努めることが、彼等の役目・任務であり、人生最大の目標なのである。

このような「愛情至上主義」ともいうべき性格が、朝鮮朝愛情小説のもつ最大の特徴であるが、これとともに注目すべきことは、これら男・女主人公のうち、主に女性主人公の方に焦点があわされるということである。

> 男女離合型作品では男女が共に苦難を経験し、またそれを乗り越えていくのであるが、女性の方が重要な人物として設定されて、女性の苦難やそれの克服に比重の置かれるのが、共通的な現像である。[16]

ときには「愛情小説は男女主人公を共に必要とするが、女性の方がより重要な役割を果す時、愛情主題は深化される」[17]ともいわれている。これを通しても、朝鮮朝小説における女性主

16）趙東一「前代小説の連続としての新小説」（前掲）72頁。
17）同上、25頁。

人公の占める比重の大きさが十分に窺われよう。

古今東西を通じて(苦難克服を含めて)女性たちの行動様式は、小説に好んで取り入れられてきた素材である。従って、小説に登場する女性の比重やそこに描き出されている女性像への検討は、該当女性達の当面社会における位相やその女性意識を、今日の我々に教えてくれるという意味で、小説史理解のための欠かせないものといえよう。[18]

というのは、結論から先にいえば、朝鮮朝小説における女性主人公の比重が男性より大きいことや、なお女主人公に妓女が多いことは、朝鮮社会における女性の位相と密接に関わっていると思うのである。前述したごとく、儒教思想が社会の隅々まで徹底的に支配していた朝鮮では「男尊女卑思想」がとりわけ強かった。

> 当時社会の人間待遇に対する階層的差別は、男性と女性、良家娘と妓女、というふうに二元的な差別の対を形成していたことは、再論するまでもない。これは当時の道学社会が強要した、男尊女卑、貞節標榜の観念による人間差別の一現像である。[19]

---

18) 閔燦「女性英雄小説の出現とその後代的変貌」(『国文学研究』78、ソウル大学校国文学研究会、一九八六年)および田溶文『韓国女性英雄小説の研究』(牧園大学校出版部、一九九六年) 参照。
19) 朴焌圭「国文学にあらわれた実学思想研究」(『実学論叢』全南大学校出版部、一九七五年) 213頁。

> 朝鮮時代における女性の社会的位置は、男性のそれに比べて非常に劣等なものであった。女性に対して「物事を教える必要もなく、ただひたすら従わせるのみ」とする、儒教的イデオローギがその根本的な動因であったと思われる。このような儒教の男尊女卑思想は、朝鮮朝女性の生涯を支配した根本理念であった。[20]

社会の主導権はすべて男性たちによって掌握されていたし、規範の設けとはつまりは彼らのためのものであったといってよい。異性の交際が厳しく規制・統制されていたけれど、貴族や両班の子弟はその例外とされたことは、そのことを端的に物語る。

朝鮮社会がいかに一方的に女性の方に道徳的義務・忍従を要求したかは、一般女性の再婚はいうまでもなく、夫に死別した寡婦の再婚までを禁止する法律を実際に制定するところにもあらわれている。

> 歴史的には寡婦の守節は韓国古来の風習ではない。むしろ高麗時代までは、身分と関係なく女性たちの改嫁は自由であった。これが問題視されたのは、高麗末からである。……しかしこれは朱子学の影響によって単に情操論が台頭しはじめた、という意味ぐらいに過ぎない。ところが

---

20) 鄭克燮「李朝時代における女性の社会的位置」(『李朝女性研究』亜細亜女性研究所、一九七六年) 234頁。

> 朝鮮朝に入って、このような状況は一変する。再嫁禁止論は単なる主張の次元を超えて実際に法制化されるのである。勿論その理論的根拠は朱子学の情操論にある。しかし事実上本来の目的は、守節の実現というよりも、既に支配権を確保した階層から、それ以上の支配層の増加を抑制しようとする、自己淘汰の一環であったと言ってよい。そのことは再嫁禁止法が再嫁女その人を直接に処罰するのではなく、その子孫を禁錮する方法を採択していることからも明らかである。ただ「烈女不更二夫」または「一夫従事」という道徳律を立てて、彼等の意図を合理化したのである。……厳密にいえば、寡婦の再嫁まで禁ずることは、朱子学本来の理論とも異なる、朝鮮的運用の一つの特色である。[21]

しかし女性たちの再婚をいくら家庭内の秩序、さらには国家の紀綱までを揺がしかねない道徳律の破壊として意識させ強要しようとしても、人間の本能を源泉的に封鎖することは所詮無理である。「再嫁禁止法」はその苛酷性のために儒者の間でもその不当性をめぐる議論が絶えなかった。[22]

金明順氏は『古典小説の悲劇性研究』の中で、

---

21) 金相助「朝鮮後期の野談にあらわれた再嫁の様相とその意味」(『漢文学論集』4、一九八六年十一月) 214-215頁。

22) 厳基珠「野談にあらわれた貞節意識の屈折様相」(『成大文学』27、成均館大学校国語国文学科、一九九〇年十二月) 参照。

> 韓国古典小説の上に社会的な倫理規範の問題が悲劇的な世界像として現われる場合、その大概が女性達の生と関わっている。なかでもその主題が男女間の愛情に関するものであればであるほど、そうなのである。このような事実は、女性達の現実的な生が、人間として正当なものではなかったことを反証してくれるものといえよう。[23)]

と説くが、朝鮮朝小説の中に女性主人公の登場や活躍が際立って目立つ現像は、女性が当時そのぐらい非人間的な境遇にあったことを反証するものとして受け取られる。

見てきたように、朝鮮社会の女性に対する偏見や差別とは、過酷なものがあった。それだけに女性たちのその不当性に対する反撥・抵抗心も大かったろうことは想像にかたくない。いうまでもなく当時の作家たちはそういった現状を反映しないわけにはいかないだろう。という事情によって、女性を主人公とする、なお女性たちの置かれた立場を擁護するような作品群が数多く作られるようになったと考えられる。

> 我が国では昔から家父長制の発達で女性の社会的地位が非常に無視されて、一般的な観念や制度的にその束縛が酷かった。というわけであろうか、近代的な女性意識が芽生える以前においても、女性達への制度的な束縛に対する厳

23） 創学社、一九八六年、182頁。

> しい批判が存在していた。特に改嫁を禁ずるなどその度が過ぎるほど本能的な性情を束縛していたものだから、両乱後、民衆の自覚意識によってそうした苛酷性に対する批判が強く起る。本作品(『雲英伝』、筆者注)は、その中でも最も残酷的な束縛を受けていた宮女を取りあげて、制度的に束縛されている女性に対する社会意識の変化を示している。[24)]

朝鮮朝小説における女性主人公の登場や活躍が顕著である現象は、後期になるにつれてますます増加する傾向を見せている。このことは、女性が徐々に自分たちの置かれた社会的環境・状況に対して関心をいだきはじめ、そのような現実を不合理な、不当なものとして認識し得るようになったことを示唆するものとして解される。

一方、女性主人公の大多数が「妓女」であるという問題も、朝鮮社会における女性の社会的位相と大きくかかわっている。韓国では妓女を指して一般的に「妓生(キセン)」と呼ぶが、妓生とは宴席などで音曲・舞踊などをその業として生きていく身分の低いものであった。

> 朝鮮時代の妓女は官庁に属する一種の奴隷であり、自我を

24) 車溶柱「雲英伝の葛藤様相に反映された作家意識」(『古小説論攷』前掲)、283頁。

> 喪失した身分階層である。妓女の年限は大略「十五歳から五十歳まで」となっていたが、事実上三十歳になると妓籍から身を引くのが慣例であった。[25)]

このような、朝鮮社会で最も賤視された階級の一つである「妓女」なのに、何故「妓女像」として類型化することができるほどに頻繁に愛情小説の女主人公として登場するのだろうか。その答えとして金起東氏の次のような見解は示唆に富む。

> ところで、英祖朝以後の作者達は、愛情小説の男性主人公としては上流階級の貴公子を登場させておきながら、女性主人公としては、男主人公のように上流階級の閨中処女ではなく下流階級の属する妓女たちを登場させている。……その理由を知るためには、朝鮮時代の女性に対する教育と、男女間の接触の如何を窺ってみなければならない。朝鮮では建国初期から儒教の教理を治国の理念とし、人々に儒教的な倫理生活を強調し続けた。子供たちに五倫の一つである「男女有別」と「男女七歳不同席」の教訓を厳格に守らせる教育を実施して、結婚前の娘はいうまでもなく、既婚の女性でも親戚以外の対人関係を忌避させたのである。……従って、男たちにとって閨中の娘との恋愛なんか到底考えることが出来なかったわけである。せいぜい両班の従属物であった妓女との関係を通じて甘ずるべきで

25）注5)に同じ。

あった。[26]

つまり、男女の区別が厳しかった朝鮮では、両班出身の男と両班出身の女との交際は考えることが難しかった。そこで両班出身の男性たちは、そのような愛情生活の欠乏を、当時自分たちの所有物に近かった「妓女」との関係を通じて充足させるようになる。そして、現状がそうであったからには、両班子弟と妓女との恋愛を描いたものが愛情小説の大部分を占めるようになるのは当然であろう。

さて、朝鮮朝小説を論ずる上で注目すべきひとつは、中国文学からの影響という面において大きく取りあげられるのが、他ならず以上に述べてきた「恋愛主題」と「妓女」女主人公の出現、というところであるということである。韓国の国文学界では、朝鮮朝小説に恋愛主題が本格的に取り扱われるようになることや、それも妓女がその中心的な存在となって話が展開されるようになることの最も大きな要因を、中国小説(特に艶情類)の輸入に求めるのが一般的である。

鄭鉒東・金起東・申東一氏[27]などは、朝鮮中期以後の小説

26) 注3)前掲論文、1142-1143頁。なお鄭鉒東氏注14)前掲書(285頁)、閔燦氏注18)前掲論文(63頁)、崔三龍氏注4)前掲論文(214頁)などにも同様の指摘がある。

27) 鄭鉒東注14)前掲書、二八一頁。金起東『李朝時代小説論』(精研社、一九六九年) 398-400頁。申東一「韓国古典小説に及ぼした明代短篇小説の影響」(ソウル大学校博士学位論文、一九八五年)

において、男女の恋愛が大胆・率直に描き出されるようになった要因として、両乱(壬辰倭乱・丙子胡乱)以降の実学思想と中国艶情小説類の輸入を挙げている。それまでの小説では「朱子主義」[28]による倫理的な制約によって男女の恋愛の扱い方が極めて消極的であったが、中国艶情小説輸入の影響で人間の真実な姿を求める恋愛小説が数多く制作されるようになり、その描き方もより積極的になったのである。いうならばこれは、第2章第1節において尾形氏の指摘する、中国白話小説に対する、庭鐘の「誤解・曲解」の部分、すなわち庭鐘が白話小説を受容するにあたって別に注意を払わなかった、白話小説の次のような、

> なかんずく、それらの中でも最も大きな比重を占める恋愛小説の中に、身分意識を中心とした封建社会の桎梏に対する、平等な人間観の上に立った人間解放のたたかいの情神の、最も顕著な投影を認めることができる……[29]

という側面が、朝鮮の作家たちにおいては正当に受け止められ

15頁。

28) 李東歓氏は「燕巌の思想と小説」(『古典小説を求めて』文学と知性社、一九六七年)において朝鮮朝特有の朱子学の運用を「朱子主義」と称している。

29) 「近世文学と中国文学―「三言二拍」の受容における一問題―」(『比較文学』前掲) 199-200頁。

た、ということになろうか。とにかく、庭鐘の読本を論ずるうえでは、おもにその道義性志向の側面が、中国文学からの影響として把握される日本の場合とは、きわめて対照的といわざるをえない。

ちなみに、朝鮮社会では男女の間の自然な欲望さえも否定的にとらえる傾向があって、人間性の抑圧という側面においてやや苛酷な様相を呈していたといわざるをえない。しかしそれだけに、すなわちその深刻さに比例して朝鮮朝小説における「恋愛主題」のもつ歴史的意味合いは非常に大きなものがある。鄭宗大氏の次の指摘のように、

> 艶情小説で最も頻繁に男女の愛情を妨げる要因は政治権力である。そのつぎは父権の横暴、それから身分問題、戦争、超現実的秩序、その他の順である。ところで、艶情小説で男女の愛情を妨害する要因が主に政治権力とか、父権の横暴、身分問題であるということは、儒教的封建支配体制に対する深刻な問題提起として見ることができよう。人間の本性である男女の愛情を抑圧して破綻に至らしめる根本要因を、儒教的支配体制に起因するものとして把握するならば、それは当代の支配秩序に対する挑戦と言うべきであろう。すなわち艶情小説では、男女の愛情実現への意志だけではなく、当代の儒教的支配秩序に対する批判的・否定的な視角をも共に表わしているのである。[30)]

朝鮮の作家たちが恋愛主題を標榜しながら、ときには大胆な情欲の描写を通じてそれを積極的に肯定して見せる姿勢を取ることは、当代支配階級に対する反撥・抵抗の精神を表出するものとして、さらには階級打破・男女平等などの人間解放の精神をも内包・象徴するものとして作用するのである。

30)『艶情小説構造研究』(啓明文化社、一九九〇年) 217頁。

第4章
前期読本における主題継承の特徴とその背景

1. 思想性の問題関心

上田秋成(一七三四～一八〇九)の『雨月物語』巻四「蛇性の婬」は、豊雄という雅やかな優形の男が自己犠牲を覚悟する丈夫心を持つことによって身にふりかかった苦難を乗り越える、一種の教養小説[1]と見るのが一般的である。この作品は、『警世通言』第二十八巻「白娘子永鎮雷峯塔」と『西湖佳話』第四巻「雷峯怪迹」から、その構成、人物設定、文辞などをほとんどそのまま引き写したものであるが、ただ男性主人公である「豊雄」の造形だけは独創的に作られている。

> 秋成が造形した豊雄には、豊雄独自の性格が与えられ、その人柄また躍如として描き出されて、リアルな人物像に作り上げられている。しかもその性格ゆえに事件に巻き込ま

---

1) 長島弘明「男性文学としての『雨月物語』」(『日本文学』一九九三年十月) 16頁。

れ、やがては人間的な成長が事件を解決してゆくように構想されている。[2]

この豊雄の形象が、庭鐘の『繁野話』第八篇「江口の遊女薄情を恨て珠玉を沈る話」の「小太郎」に由来するものであることは、すでに通説化されている。

「蛇性の婬」の主題はやはり、豊雄の精神的成長が妖魔を克服する、というものであろう。主題の把握がそれでよいとしても、より肝要な問題として、では秋成はこのような精神的成長の主題を何から得たのか、という疑問が残る。二粉本の主人公許宣には、民話の常として際だった個性が賦与されてなく、従って弱い性格から強い性格へ成長する過程が描き込まれている筈が無い。(中略) 以上挙げた如く、何らかの影響関係を推定せざるを得ない。そうした眼で見ると、青年の精神的成長による危機からの脱却、という主題の共通も、偶然のものとは思えない。「白娘子」「雷峯」には、かかる精神的成長に則る妖邪の克服が描かれていない。とすれば、秋成はやはりこの人間的成長のドラマを、雨月刊行に先立つこと僅僅十年、その様式確立に際して学ぶこと多かった『繁』中の「江口」から採り来った、と考える他はないではないか。[3]

---

2) 鵜月洋『雨月物語評釈』(角川書店、一九六九年) 561-564頁。
3) 徳田武「読本における主題と趣向—庭鐘から秋成へ—」(『秋成—

改めていうまでもないが、庭鐘が秋成に与えた影響は陰に陽に非常に大きい。[4]なかでも主題面における両者の関係は、庭鐘の思想性志向の姿勢を秋成が学んだということになっている。端的に、庭鐘が「江口」において、妓女との愛情の貫徹を極めて個人的なものと見なし、それより全体的な家門継承の問題を重視したように、秋成が「蛇性の婬」において、女性との恋愛成就という「私情」より、他人・他家の思わくなど対社会的な側面を重んじる姿勢を取っていることからも、それは如実である。

> 女の恋情を私情として切り捨てることによってのみ、丈夫心は発現する。女の願う完全な恋愛の成就よりも、その放棄によって得られた丈夫心を、語り手は選んだということだろう。[5]

> 豊雄は邪神に惑わされていた自分の心を悔い改め、「親兄の孝」という社会的モラルに従って生きようとすることで過去との訣別を計っている。(中略)だが、この作品に於いて豊雄自身の見せた殆ど唯一の決断も、彼が身を寄せている

語りと幻夢―』前掲) 147-148頁。

4) 研究史については、長島弘明氏の「『英草紙』と秋成―秋成の物語の主題・構想解明の補助線として―」(『国語と国文学』一九七九年八月) 14頁参照。

5) 長島氏注1)前掲論文、16頁。

> 社会の倫理によって、手もなく覆えされてしまう。豊雄を犠牲にして富子の命を救うことで庄司の家の安泰を計るのは、「弓の本末をもし」る、武芸の心得のある者の行ないとして相応しくなく、大宅の人人に対しても面目ないと云うのである。このように体面や他家の思わくを重んじる発想に、今や自分の意志を全く失ったかに見える豊雄は極めて順従であった。6)

従来の研究では、両者に共通的に見出される、このような主題の関係(関連)性を指摘するものは多いものの、庭鐘と秋成がどうしてそのような基本的に相通ずる主題性を持し追求するのか(あるいは追求するようになるのか)、という問題になると、前述した如く、当時における中国白話小説の流入とそれの大流行現象を以て説明する以外は、統一する立場・観点からのこれといったものがないようである。

この問題、すなわち庭鐘と秋成が同様に「道義性」を追求しようとすることを、もし中国文学からの影響という面から切り離して、別途に考えるとするならば、私たちはどのように考えたらよいだろうか。

そのまえに、私として気になることがある。ひとつは、日本国文学界で「思想性」というとき、それが主に庭鐘の飜案態度

---

6) 矢野公和「女なんてものに―『蛇性の婬』私論―」(『秋成―語りと幻夢―』前掲) 121-124頁。

に見られる如き、道義性を指すということである。たとえば、前章の末に触れたように、朝鮮朝小説では「恋愛主題」がイデオロギー的な含意を獲得している。ひとつは、その「道義性」というものが、朝鮮朝の場合を念頭に入れた私の観点からすれば、やや特異である、少なくとも朝鮮朝のそれとはちがう、ということである。

庭鐘と秋成をしてその本質を等しくする思想性を志向・表出せしめた要因を本格的に探るまえに、彼らの読本に現れている「思想性」の内実をもっと検討してみる必要があるのではないかと考える。そのことによって、両者における道義性追求の背景ならびにその意味合いを知り得る端緒が得られるかもしれない。

2. 前期読本にあらわれている思想性の特質

(1) 本然の性の否定

十分注意されなければならないことは、庭鐘と秋成によって追求される道義性が、朝鮮朝小説におけるようなきわめて「朱子学的な倫理規範・規制」としてのそれと、その意味を異にするということである。

周知されるごとく、儒教では人の守るべき、実践すべき道として、君臣・父子・夫婦など人と人との秩序関係である「人倫」が非常に重視された。中でも性理学は、儒教のそのような倫理思想的な側面が、他のどの儒学におけるよりも強調された哲学体系であると言ってよい。

> 性理学の倫理思想は、先秦儒学を初め他のどの儒学におけるそれよりも、はるかに豊富である。その点は「三綱五倫」などの倫理綱領に対する態度を通じても十分窺える。他の儒学では三綱五倫の綱領は単に信奉される程度であり、その根拠に対する理論の追求意識があるとしても、それは微弱なものであった。しかし性理学では、老・仏からの形而上学的な影響もあり、三綱五倫の信奉だけではなく、それを合理化のための形而上学までより徹底的に構築するなど、その理論追求の姿勢が非常に強かった。7)

性理学者達があれほど強く人間の道徳的性向について関心を持ち、その根源を求めてやまなく、「性即理」「太極」という宇宙論的根拠にまで拡大して形而上学的に導出してみせるのは、いうならば人間の道徳的実践の根拠を確固たるものとして提示して、それを人々に要求しようとしたためである。

---

7) 尹糸淳「性理学の倫理思想のその現代的な意義」(『東洋思想と韓国思想』乙酉文化社、一九九二年) 75頁。

朱子の思想においては、天理に帰ること、天理を実現することが絶対の要請であり、人間の使命であり理想であった。そうしてその天理なるものは、天地の偉大なる生命力と、燦然たる秩序の根底となり、人にあってはやむにやまれぬ道徳的意欲、霊妙なる道徳的判断の根源となるものとして把握されている。現像の背後に、人心の奥底に、純粋なもの、清らかなもの、溌剌たるものの厳として存することを認めている。天理とは、そういう本体的なものを哲学的に理念化したものである。[8)]

要するに朱熹は、現象世界に対する客観的な解釈を下そうとする立場から理気の動静を規定したというより、道徳的価値を重視しようとする観点から理気の主宰性を強調したと言える。言い換えれば、道徳的価値の普遍性を証明する手段として、存在に対する客観的解釈という型を借りたわけである。ここで我々は、朱熹哲学の基本的な真理観というのが、その論理的真理よりも、規範的価値の方を優先視していることが分かる。客観的事物に対する例の観察の全ても、つまりはこのような規範的な価値を普遍化するための、説得力のある手段として提供したのである。[9)]

---

8) 阿部吉雄「朱子学の諸特性と日鮮への伝来比較」(『日本朱子学と朝鮮』東京大学出版部、一九六五年) 540頁。
9) 田好根「朱熹心性論の韓国的展開のための最初の葛藤」(『論争で見る韓国哲学』芸文書院、一九九五年) 175頁。

朱子学のこうした道徳学的側面が中・韓・日において展開された儒学の中で、最もよく発現され発展したのは韓国の朝鮮時代の儒学においてではなかろうか。そのことは、たとえば朝鮮朝の代表的思想論辯として数えられる「四端七情論」[10]と「人物性同異論」[11]を通しても立証される。

この二つの論辯には、当代の数多くの学者が参加しており、またその学説の中心的概念たる「理」と「気」に対する解釈が学者によってそれぞれ違うので一概に論じることは難しいけれども、ただし一つだけ彼らの立場を一括して言えることがある。彼らの思想的主張の背後というかその根底には、一貫として共通的に流れるものがあるのだが、それは人間の道徳的本性すなわち「本然之性」に対する実に厚い信頼である。

> 退渓の四端七情論は特に四端の解釈の方に力点の置かれたものと考えられる。その理由は、彼の理論の中で四端を

10) 朱子学における四端と七情を研究する学説。十六世紀退渓李滉(一五〇一～七〇)によって提唱され、彼の主張する理気二元論に対して、その弟子高峯奇大升(一五二七～七二)が理気一元論的な立場から反論してゆく、およそ八年間にわたっての書簡論争である。

11) その発端は、忠北地方に住んでいた遂庵権尚夏(一六八二～一七二一)の門人達の間から始まった。特に李柬(一六七七～一七二七と韓元震(一六八二～一七五一)を中心に激しい論争が展開された。その内容とは、文字通り「人性」と「物性(特に禽獣の性)」とは同じであるか、それとも異なるのかを明らかにすることである。

理発視しようとする正にこの件りが、他のどの部分よりも反論的な難題を呼び起こしているにも拘らず、彼がそれを続けて固執・固守しているからである。……退渓が四端を理発として見做す根拠は言うまでもなく彼が「性即理」の全体的思考を受け入れているからである。仁・義・礼・智の本性を理と見る、本性が四端の心として現れる、という孟子の性善説を、彼が従うがためである。というわけで、彼の理論は結局善な本性の発現を信じる、一種の理性信頼、理性尊重の思想に当る。12)

李柬によれば本性は五常の理(性即理)と言われるが、根本的には宇宙の根源である太極としての理である。人間と事物は共に太極としての本性を以て生まれる。従って、人性と物性は同じである。反面、韓元震によれば、仁・義・礼・智のような性はみな気質によって存在し得る。すなわち理が気の中にあってこその名前なのである。だから、性は人間にだけ存在し、禽獣とか他の事物には無い。従って、人性と物性とは同じではない。……このような両方の主張の裏には、実は一つ共通点のあることを見逃せない。それはとりもなおさず、人間の本性を尊重しようとする意図である。李柬をその中心とする同論では、人間の本性を先天的に持て生まれるものとして主張することによって本性の絶対化を図っていると言える。反対に、韓元震をその中心とする異論では、人間の本性を後天的なもの、気質の

12) 尹糸淳氏注7)前掲論文、85-86頁。

> 違いによって異なるものとして主張し、動物性からの分別、保護を狙っているのである。つまり本性の絶対化、動物性からの保護を目指す形で「本性尊重」の意図が両方に共存している。13)

ここでは、朝鮮朝性理学の大きな特徴である本然の性に対する厚い信頼(姿勢)と、それを根幹とする倫理道徳の正当化(様相)を、「四端七情論」に現れている退渓李滉の思想的立場を中心として見ておきたい。

「四端七情」論争とは大まかにいって、退渓李滉が「四端」と「七情」をおのおの「理の発」と「気の発」に分属させて対立的に捉えるとともに、「四端の理」を「七情の気」と同様に独自的に発生し得るとし、理の方に運動性・作用性を認めることに対する、高峯奇大升の問題提起である。14)

---

13) 尹糸淳「韓国性理学の展開とその特徴」(『韓国の性理学と実学』ヨルム社、一九八七年) 21-22頁。なお、同氏「人性・物性の同異論辯に対する研究」(『韓国儒学思想論』ヨルム社、一九八六年)をあわせ参照。

14) 「李滉の立場に対する奇大升の反論は相当な説得力を持つ。彼の反論は次のような二つの根拠を持っている。一つは、四端と七情の内包・外延の関係を考える時、四端は七情の中に含まれる構造だから、決して相対的な概念として見ることが出来ないということである。朱熹心性論における性情関係から見れば、四端であれ七情であれ、みな情であることは間違いない。また、七情は人間のもつ感情全体を指すのに対し、四端はその中の一部分、すなわち善な傾向だけを意味するものだから、部分は当然全体の中に含

高峯は、理が気を通してしか発動されない属性を、たとえば太陽と雲霧との関係に比喩している。

> 譬如日之在空也。其光景。万古常新。雖雲霧滃浡。而其光景。非有所損。固自若也。但為雲霧所蔽。故其陰晴之候。有難斉者爾。及其雲消霧巻。則便得徧照下土。而其光景。非有所加。亦自若也。理之在気。亦猶是焉。[15]
> (『高峯集』「両先生四七理気往復書」下篇・俚俗相伝之語非出於胡氏)

すなわち太陽の本質は何時も本来のとおり何ひとつ変わらないのだが、雲霧の働きによって時には晴れたり時には曇ったりする。つまり、天気の晴れ曇りはもっぱら雲霧の方にかかっていると言ってよく、理気の関係もこれと同じであると高峯はいう。そして四端を七情の方に包摂させて、四端と七情が発源根源において一つであることを強調するのである。なかでも高峯

まれるべきであろう。奇大升が李滉の主張を反駁するもう一つの根拠は、理と気の関係を不相離の立場から捉えることである。理と気の不可分離性を強調する立場から性情を論ずることになると、理の発動は成立しにくくなる。これは彼が性を指して「理が気の中に入っているもの」と、すなわち理と気の合体として規定しているところからも明らかである。」(田好根「朱熹心性論の韓国的展開のための最初の葛藤」前掲、171頁。)

15) 以下『高峯集』からの引用は『高峯集』(民族文化推進会、一九八八年)による。

は、理の方に運動性を賦与している退渓の立場と鋭く対立している。退渓の主張が基本的に理に情意、計度、造作などを認めない朱子の説に違背するもであるとして強く反対するのである。

> 朱子曰。気則能凝結造作。理却無情意無計度無造作。只此気凝聚処。理便在気中。正謂此也。今曰。互有発用。而気発又相須。則理却是有情意有計度有造作矣。又似理気二者。如両人然。分拠一心之内。迭出用事。而互為首従也。(同上)

四端と七情がその発出根源において決して二つではないという高峯の主張は、退渓が「四端理之発、七情気之発」という最初の見解を直して、「四端理発而気随之、七情気発而理乗之」という修正説を提示することによってある程度妥結を見る。しかし、高峯の反論の中心はやはり退渓が四端を「理発」とし、形而上の理に実際的な作用性を認めようとする態度に対するものであった。

ところが、高峯の指摘する、四端を「理発」視する正にこの辺が、退渓の理論の中でも最も議論をまき起こした部分であったにもかかわらず、退渓は最後までその主張を貫徹するのである。したがって従来の研究では、この「理発」をめぐる両者の視点、思想的立場の違いを中心にその評価が行われている。まず、高峯に対しては、「理発」に反対する立場が大きく取りあげられて、退渓が四端七情を解釈するにあって、それを理と気とに分けて説明し、見るからには両方を公平に取り扱っているようにみえるけれど、事実、解釈上の比重はあくまで理と四端の方にあったのに対し、高峯の場合は気と七情の方により大きい比重を置こうとしたとされ、主気的性理学者の先駆けとして評されている。他方退渓に対しては、高峯をはじめ少なくない反論があったにもかかわらず、それに決して屈しないで四端を理発とする主張を最後までかたく守ろうとした姿勢が強調され、七情より四端を、気より理を優先視する主理的性理学者の典型として評価されている。とくに退渓が代表的な朱子学者でありながら、朱子も認めなかった理の作用性を敢えて主張しようとする理由については、

> 退渓が四端を理の発として捉えようとすることには、人間の内面に道徳的根源を確保しようとする彼なりの意図が強く作用している。可変的現象的な気の世界では普遍的な秩序の根源を求めることは難しく、従って内面に内在された理の発である四端から普遍的原理である理を求めようしたわけである。16)

16) 成泰鏞「高峯奇大升の四端七情論」(『四端七情論』民族と思想研究会、一九九二年) 85頁。

> 四端七情論における退渓の理気互発説のもつ意義は何処にあるだろうか。この質問はより正確には理発の四端説に対するものである。端的にいえば、これは人間本性の道徳創生力を積極的に認めようとしたものである。仁義礼智とは単なる理念に過ぎないものでは決してなく—本然之性すなわち道徳、理性の「発動」を認めないと、仁義礼智は客体的理念に堕ちてしまう—人間内部で絶え間なく作用する活性の実在であり、四端というのはそのような作用を確認させる一つの証拠である。これによって人間は、客体的道徳理念によって強要されたり鋳物されたりする存在ではなく、名実ともに道徳の確固たる主体として自らその尊厳を立て得るのである。[17)]

などといわれ、人間の道徳的行為の根拠を人間の内面から確保しようとした、退渓の強い意図がしきりに強調され、そこには人間の道徳的本性の発現を何より信じる、退渓の「理性信頼、理性尊重の思想」が投影されたものとして高く評価されている。

退渓と高峯とのおよそ八年間にわたる四端七情に関する論争は、最終的には退渓の意見に高峯が同調するかたちで決着がつく。いうまでもなく、この論争に見られる退渓の思想的立場・理論は、朝鮮朝特有の主理的傾向の性理学を形成するに

---

17) 金基鉉「退渓の四端七情論」(『四端七情論』前掲) 66頁。

決定的な役割を果たしている。高峯の方が、朱子学でいう理気と四端七情を概念的次元において、退渓より正確に理解しており[18]、今日の観点から見てもより妥当的なものであるにもかかわらず、彼の問題提起が(ちょっと大袈裟にいえば)無意味に終わるということは、とりあえず朝鮮朝儒学の理・四端中心の道徳学的傾向を雄辯に物語るものであるといえよう。

筆者にとっては、後述するごとく、朝鮮朝とは対照的に気・七情を中心として展開する日本儒学の場合を視野に入れて考えるとき[19]、韓・日の儒学の性格がそのようにまったく違う方向へ向かう直前の様子を、高峯の存在が如実に示すものではないかと考える。というのは、高峯の問題提起の中には注目すべき視覚が含まれていると私には思われる。もしかするとそれが彼の理気一元論的主張の精神的背景の一つを成しているのかも知れない。それは、次に挙げるような、人性における悪の(由来)問題に対する彼の真摯な関心である。

> 子細に見てみますと、四端の情といえども、節度を失う場合があります。ですから、四端のすべてを善とすることには従いがたく存じます。たとえば一般人の中には、決して恥ずかしがったり恨んだりするようなことではないのに、恥

---

18) 田好根「朱熹心性論の韓国的展開のための最初の葛藤」(前掲)176頁。
19) 次節にて詳論する。

ずかしがったり恨んだりする人がいますし、何も言い争うまでのことでないのに、喧嘩をしかけたりする人がいます。[20]

しかし、だからといって高峯が道徳の内的根源を否定したということではもちろんない。彼はまたいたる所で四端だけではなく七情もその本来において善であると力説している。[21]ただ私が言いたいのは、先もいったように、朝鮮の場合とは対照的に、気・七情の方に重点を置きつつ、本然の性に対する楽天的な信頼を果敢に棄てて、より現実的具体的な人間の実体に迫って行く、日本儒学の展開を視野に入れて考えるとき、高峰

20)「夫以四端之情。為発於理。而無不善者。本因孟子所指而言之也。若泛就情上細論之。則四端之発。亦有不中節者。固不可皆謂之善也。有如尋常人。或有羞悪其所不当羞悪者。亦有是非其所不当是非者。盖理在気中。乗気以発見。理弱気強。管摂他不得。其流行之際。固宜有如此者。烏可以為情無有不善。又烏可以為四端無不善耶。此正学者。精察之地。若不分真妄。而但以為無不善。則其認人欲而作天理者。必有不可勝言者矣。如何如何。」(『高峰集』「両先生四七理気往復書」上篇・高峯答退渓論四端七情書第十二節)

21)「辯曰。七情善悪。止乃謂之和。愚按程子曰。喜怒哀楽未発。何嘗不善。発而中節。則無往而不善。然則四端固皆善也。而七情亦皆善也。惟其発不中節。則偏於一邊。而為悪矣。豈有善悪未定者哉。今乃謂之善悪未定。又謂之一有之而不能察。則心不得其正。而必発而中節然後。乃謂之和。則是七情者。其為冗長無用。甚矣。而況発未中節之前。亦将以何者而名之耶。」(同上、第六節)

の右のような四端を無条件的に完全無欠な善であるとすることに対する真摯な問題提出は、朝鮮朝の「本然之性」探究一辺倒のあまりにも楽観的な人性観とは、また別の見方を導出しえる一つの可能性を含んでいたのではないかということである。しかしながら、高峯のこのような意見は、当代第一の学者であった退渓の次のような反駁によって退けられ、再び公に取りあげられることはなかった。

> 四端もまた節度を失う場合があるという主張はとても新しいです。しかしそれは孟子の本志とは言えません。孟子の本意はただ四端が純粋に仁・義・礼・智から発出するものであることを指摘して、それによって性が本来善であるがゆえに情も善であるということを示そうとしたものです。あなたはこのような孟子の本志を忘れて、節度を失いがちな一般人の情の領域においてそれを論じようとしているんですね。人人がなにも恥ずかしがったり恨んだり言い争ったりすべきことではないのに、そうするのは、全てその混濁した気質のせいです。どうしてこのような不当な論説を以て粋然な天理から発する四端を乱そうとするのですか。そのような議論は道を明らかにするのに無益であるばかりでなく、後学を誤った方向に導く恐れがあります。[22]

---

22)「且四端亦有不中節之論。雖甚新然。亦非孟子本旨也。孟子之意。但指其粋然従仁義礼智上発出底説来。以見性本善故情亦善之意而已。今必欲舎此正当底本旨。而拖拽下来就尋常人情発不

以上、高峯が退渓に対し、最も力点を置いて反論している所から、四端七情論争の核心に触れ、特に退渓の「理発」主張を通じて、朝鮮朝性理学に著しい「道徳学的傾向」を見てみたが、退渓の思想的立場に顕著な、すなわち人間をその道徳的本性によって尊重しようとする姿勢は、韓国の朝鮮時代の思想史はいうまでもなく文学史を通底させていく根本精神を成す。

前にも触れたように、朝鮮朝の小説家は他の何よりも人間の内奥にひそむ本然の性の発現に主眼を置いた。ということによって、人間性情の(一般的に欲望といわれる)自然な側面は、それが悪への契機を内包するという理由によって「人欲」として否定的に処理される場合が多い。

日野龍夫先生は「儒学と文学」において次のように説かれるが、

> 朱子学が近世社会に受け入れられたのは、単に幕府が認めた官学という世俗的権威だけが原因であったのではなく、そこには明快な世界観と人間肯定論という、近世初期の時代思潮の指針たるにふさわしい内容があったのである。しかし理論面でのそのような特徴は、実践面では道徳的厳格主義(道学主義)となって表われざるえない。道徳は宇宙の

中節処滾合説去。夫人羞悪其所不当羞悪。是非其所不当是非。皆其気昏使然。何可指此儱説。以乱於四端粋然天理之発乎。如此議論。非従無益於発明斯道。反恐有害於伝示後来也。」(『退渓全書』「答奇明彦」)

> 原理であり、親に孝、君に忠を尽くすことは、たとえば春の次に夏、夏の次に秋が来るのと等質の自然必然の法則であるから、それ以外の人間のあり方は、本来ありうるはずのない異常事態としてきびしく排除されることになる。[23)]

朝鮮では実際に道徳的な存在としての人間のあり方以外は本来あり得るはずのない異常事態として厳しく排除されるのである。

韓国の朝鮮時代の思想・文学に見られる以上のような特質から、庭鐘と秋成が主張する思想性を眺めてみると、実によい対照をなしている。以下検討するように、庭鐘と秋成にあっては、人間が道徳(の実現)につながる内的根拠は何処にも見出しえない。両者が人間の本性を、(儒教一般でいう)先天的・先験的な純粋善であるとは認識しなかったこと、それと相関するだろうが、「人欲」を決して否定的に処理していないことは、特に彼らの「女性観」に顕著にあらわれている。

庭鐘の女性観がよく示されているのは『英草紙』第四篇「黒川源太主山に入ツて道を得たる話」である。この作品は『警世通言』および『今古奇観』にある「荘子休鼓盆成大道」を翻案したものであるが、庭鐘はこの作品で夫の死後変節していく好色の破廉恥な女性を描いている。もとより原話も女性の持つ性格上の悪い特性を描出したものではあるが、庭鐘はこれをさらに拡大

23) 『江戸文学と中国』(前掲) 209頁。

発展させて、より繊細で緻密な筆致で女性の心理模様の変化を描きながら女性達の持つ欠点、通弊をうがつ。庭鐘が原話よりはるかに女性を「好色で酷薄で残忍で、虚偽に満ちている、そして恥知らず」[24]存在として認識している様子は、たとえば典拠の上に新たに付き加えている改変の所に集中的にあらわれていて、おもしろい。

夫「源太主」の生前には「忠臣は二君につかえず、烈女は二夫にまみえぬ」と言いながら大言を吐いて夫を罵った「深谷」は[25]、夫が死んでわずか十日も経たないうちに他の男に引かれてゆく。

道竜も毎日来りて、霊位を拝し、墓地の用意葬家の弁ずべ

---

24) 中村幸彦「初期読本の作者達」(『中村幸彦著述集』4、前掲) 216頁。
「庭鐘の二十七篇の小説の中で、真っ当な女性はみんなお化けか遊女です。普通の女性はみんな、姦通するとか、いま申しました悪性質の一つもしくはいくつかをあらわしております。庭鐘は、中国小説的と言っていいか、中国的と言っていいか、そういう女性観を、自分の経験を通じて彼の女性観としていた。」(同「都賀庭鐘の中国趣味」『中村幸彦著述集』11、中央公論社、一九八二年、354頁)

25) 「二君につかへず、二夫に見えぬは、皆人の知る所、不幸にして身の上に輪り来らば、身を終るまで、寡を守ることかたからず」。「女にこそ志を守るものはあるらめ。主のごとく一人死すれば一人を娶り、一人を出だしては一人を納るる、あきらめよき所為にはあらず。ながらへ果てぬべき世ならぬに、人のこと草におちて、名を後身に汚さんや」

き事など沙汰する。深谷も道竜が此の頃心を用ひて、万とりまかなふを、便なき折柄うれしと思ふより、常はただ能く利口人なりとのみ思ひし人も、心の趣ありて見る時は、物ごし動作迄に心の愛でて、彼の人もいまだ定まれる妻なし。我もかく主なき身となりぬれば、せめて二年三年も過ぎぬれば、此の人をこそ二度の夫とも見まほしく、あはれ結の神の心して、御はからひこそほしけれと、下心には思ひける。

やや本題からそれるが、この別の男というものが、粉本ではひょっこりと現れる経世の美男子であった反面、「黒川」では他でもない夫の弟子であり顔見知りの「道竜」であるのだから、倫理的な面でもっと衝撃的に私には覚えられる。しかし、庭鐘がこの道竜という人物の設定を若干変更したことを、深谷の反倫理的行為を強調するためにわざわざ直したとは、これまた考えられない。中村幸彦氏の頭註には、

原話では未亡人の相対として、死後七日目に一美少年が出現する。原話は道術の不思議をも、おもしろさの一つとしたが、庭鐘は、前もってこの弟子を出し、以下の筋を自然にして、テーマを女性論にしぼろうとしている。

とあるが、一応賛意を表しながら、私は、庭鐘が道竜を原話のように漠然とした人物としてではなく、深谷が普段から知り

あっていた間柄として、また女が男に惚れてゆく動機も、粉本では男の外見に重点が置かれていたが、「黒川」ではそうした男の外観描写が削除され、その代りに夫に別れて頼りにする人のない深谷の未亡人としての立場が浮き彫りにされ、道竜の頼もしい男らしさに深谷が漸次引かれてゆくように、再設定することによって、二人の関係がよりリアリティーを確保しえたと思う。なお、その内幕には日本人独特の男女観が関係しているものではないかと推測される。

さきに挙げたテキスト引用文を含めて、庭鐘が原話に新たに添加敷衍している部分の中で、庭鐘の人間把握と関連して特に筆者の関心を引くのは、女性心理の機微を鋭利に捕捉し、その描写を通じて人間の機変的要素(可変性)および悪質的要素(悪魔性)を克明に示している点である。

(1)深谷は待ちわびる上にも、心にかかる今宵の納幣はいかがなりたるやと、是も心の落ちつかず、一所に座しためず、幾度か門に出て、窓にもどり、思ひ余りて身のかこたれ、思はずも涙落ちて懶げに、灯を点ずる頃、からうじて道竜入り来りぬ。深谷踏所を忘れて、一間に請じ入れ、「ことなう待ちわびて、けふしも日の長かりし」といふ。

(2)亡人の棺はすでに下家にうつし出だしたり。我夫婦となりし始、互に相愛しての事にあらず。かれは家業を嫌ふ大浪子の世事しらず、足下にも養生の道を授かり給へども、かれが身さへ色慾をつつまず、早く死にたれば、是印ある道にもあらず。又近頃山下にて婦人の墓を祭れるに遇うて、此の婦を誑らかし、いかなる事をやなしけん、約束のかたみとも為すべきとて、取りかへり桃の樹、わらは打ち折りて捨てたり。如此くなれば、すこしも心の残る亡夫にあらず。

(3)深谷思ふに、万一道竜我が心を引き見ん為の作り病にや、左あらば、いよいよ我が心中の誠をあらはさでは有るべからずと、「是こそ庸易の事かな。婦人身を以て夫につかふ。此の身尚惜しからず、なんぞややがて朽ちぬべき骨を惜しまん。此の隙に熱酒を用意せよ」と起きあがり、紫を砍る板斧を取り出だし、右に斧を提げ、左に松を灯して、下家に跑り行き、棺の蓋を只一打に打ち破り、蓋を開く

(1)は、深谷が道竜を待ち合せる間、どうしようもなく心と体が動揺する様子、(2)は、深谷が道竜の歓心を買うために亡夫を悪ざまに言う所、(3)は、道竜の突然の発病を、自分の心を試すための仮病ではないかと勝手に受け取り、深谷が死人の脳髄を取り出す行動に出る件であるが、いずれも愛慾に目の眩んだ女性の無分別さ、機変的(臨機応変的)行動振りがよく描かれている。

庭鐘は『英草紙』第四篇「黒川源太主山に入ツて道を得たる話」だけではなく、その他の多くの作品においても「女性即淫蕩

也」という否定的な女性観を見せている。

> 第四篇だけではない。庭鐘の女性批判の傾向は、第五～八篇でも大なり小なり見えているし、さらには『英草紙』から十四年後の宝暦十三年に刊行された『通俗医王耆婆伝』でも「萍沙王……群下ニ語テ云、我已ニ柰女ヲ得テ一宿ヲ共ニス。亦奇異ノコトナシ凡人ト一般。但其許スコトノ速ナルハ婦礼ヲ謹マザルガ如シ。我此故ニ取リ帰ラズ」と、典拠『仏説柰女耆婆経』の当該個所におおむね対応させながらも、傍線部分の「萍沙王」に代辯させているようなのである。このながい年月をつらぬく庭鐘の「女性即淫蕩也」ともいうべき女性観は、もともと庭鐘のもっていた観念が強烈な中国趣味という経路をとおることで補強されたものかもしれない。だが、たとえそうした経緯があったとしても、この女性観はもはや外来文化の借り物などではなく、庭鐘自身の「経験を通じて」身につけた独自の価値観となりえている。26)

庭鐘の特異な女性観が、引用の元田氏の指摘のごとく、中国趣味からの副産物なのか、それとも彼自身のにがい女性体験によるものなのか、私としては判断しかねる。ただここでは庭鐘が時機、状況、あるいは自分の必要如何に応じていくらでも

---

26) 元田与市「「吉備津の釜」—批評する主体—」(『雨月物語の探究』翰林書房、一九九三年) 142頁。

変化する人間の姿や、男女たちの性愛への欲求、利己心など、要するに人間性情の良くない面を、男性より露見されやすい女性の行動方式および心理模様を通じてより極大化させて巧みに触れていることが確認できれば十分である。

庭鐘によって暴き出された世の女性達の淫らさ、自己本位性などの「女性通有の本性」[27]は、秋成にくるともっと徹底的に追求され、暴露されるようになる。秋成は「吉備津の釜」と「青頭巾」において、女性固有の性質を「慳しき性」という言葉を以てはっきりと示している。

> 妬婦の養ひがたきも。老ての後其功を知ると。咨これ何人の語ぞや。害ひの甚しからぬも商工を妨げ物を破りて。垣の隣の口をふせぎがたく。害ひの大なるにおよびては。家を失ひ国をほろぼして。天が下に笑を伝ふ。いにしへより此毒にあたる人幾許といふ事をしらず。死て蟒となり。或は霹靂を震ふて怨を報ふ類は。其肉を醢にするとも飽べからず。さるためしは希なり。夫のおのれをよく脩めて教へなば。此患おのづから避べきものを。只かりそめなる徒ことに。女の慳しき性を募らしめて。其身の憂をもとむるにぞありける。禽を制するは気にあり。婦を制するは其夫の雄雄しきにありといふは。現にさることぞかし。[28]

---

27) 同上、144頁。
28) 引用は『上田秋成全集』第7巻(中央公論社、一九九〇年)より。以下秋成からの引用はこれによる。

> 快庵この物がたりを聞せ給ふて。世には不可思議の事もあるものかな。凡人とうまれて。仏菩薩の教の広大なるをもしらず。愚なるまま。慳しきままに世を終るものは。其愛慾邪念の業障に攬れて。或は故の形をあらはして恚を報ひ。或は鬼となり蟒となりて祟りをなすためし。往古より今にいたるまで算ふるに尽しがたし。又人活ながらにして鬼に化するもあり。楚王の宮人は蟒となり。王含が母は夜叉となり。呉生が妻は蛾となる。(中略)されどこれらは皆女子にて男たるもののかかるためしを聞ず。凡女の性の慳しきには。さる浅ましき鬼にも化するなり。

「慳しき」とは「心が素直でなく事実を偽る、あるいは既婚の女が他の男に通じることを意味する動詞の「かだむ」から派生した語で、心がねじ曲っている様」[29]をいう言葉である。女がこの「慳しき性」を発動するとなれば、引用文にあるごとく、軽い場合でも家業を妨げ、ひどい場合には生きている間だけではなく死んでまで鬼やみずちに化身してその怨みの対象を苦めてやまない。時にはその情念・執念の激しさのあまり、生きたまま鬼となることさえある位である。秋成は、このようなしつこい執着心や復讐心をいだく恐しい存在として、女性を捉えていたのである。[30]

---

29) 長島弘明「男と女の「性」」(『国文学—解釈と教材の研究』一九九五年六月) 72頁。

30) 秋成の女性観をすべてこの「慳しき性」を以て説明できないことは

秋成が女の本質を「慳しき性」として認識・把握しようとする姿勢については、彼が『諸道聴耳世間猿』の時代から「女性の悪の顕在化」というバイタルなものに興味を持っていたとされ[31]、思いつめては徹底した破滅的行為によってしか終熄しえない人間の執着心を通して、人間の内に潜む理否・善悪を超えて突き進む悽まじい「魔性」を表現したものであると論ぜられている。[32]秋成のこのような女性に対する認識(方法)はより深

勿論である。ここではただ庭鐘からの影響とその継承という面から見てそうであるということである。

31) 「本篇は説話の伝統的な考え方の上に立って、女性の恐しさを描き出していたわけであるが、作者秋成は女性を悪とする説話の思想とは別な意味で、女性の中に「もののけ」の本質を見ていたふしがある。即ち『諸道聴耳世間猿』巻之一の「貧乏は神どまり在す裏かし家」には、神主の妻おゆふが、貞淑な女から悪妻に変貌するさまが描かれているが、この変貌が背景に神道の世界を設定していること、女性の悪の顕在化というバイタルなものに作者が早くから興味を示していたことは見逃すことができない。女性の中に魔性の性を見出すという考え方或いは女性に変体の可能性を見出す考え方は、『世間猿』の時代から既に胚胎していたということができる。」(鵜月氏注87)前掲書、394頁)

32) 勝倉寿一『雨月物語構想論』(教育出版センター、一九七七年) 参照。

「『源氏物語』では御息所が「もののけの人」としての特異な性格の持主として造形されたのに対し、秋成は磯良像の形成を通して、「もののけ」を女性一般の 「性」の内奥に存在する可変的・不可知的なものとする新しい解釈をもとに、 「もののけ」に変貌して悽惨な復讐をせずにはやまない女の性の不思議さと哀れさという主題を形象化している」(同、297頁)

層的ではあるが、明らかに庭鐘の女性観を承けたものである。

以上検討したところによって、庭鐘と秋成が人間の本性を、朱子学者や李朝小説作者のように、絶対善的なものとして、あるいはその内部に道徳的志向への内在的価値をもつものとして、まったく認識していないことは明らかだろう。

(2) 人情尊重

金烈圭氏は、朝鮮朝小説の持つ限界の一つとして、登場人物たちの「内向性ないし内面性の欠如」[33]を指摘されるが、

> 古小説の人物は内面性がなく、表皮的で単純であり、それこそ進取性の欠如した性格の所有者ばかりである。……悪でなければ善であるというふうに、善・悪二つの中でどちらかの一つで一貫されている。……古小説の人物は一人の人格、個性を発揮するものとして描かれるのではなく、道徳や倫理規範で鼓舞された人物として固定化されている。[34]

朝鮮朝小説では完璧な善人でなければ徹底した悪人という、二通りの人間像が主として描かれる傾向が強い。人物像があまり

---

33) 「韓国文学と人間像」(『韓国思想大系Ⅰ・文学芸術思想篇』前掲) 287頁。
34) 李樹鳳「人物論」(『韓国古小説論』前掲) 228頁。

に極端に分れるので、善的存在であると同時に悪的な要素をも内包するような人物もなく、反対に悪人でありながら善的な要素をも内在するような人物もない。したがって、善悪の間で人間的な葛藤や苦悩のために苦しむような、そのような人間の内面的な姿はほとんど見られないのである。多分これは、万物の霊長である人間はいうまでもなく、宇宙の全存在に等しく与えられていると信じられた「理」(=「性」)が、善の要素をのみ持ち、悪の要素を全然含まないと考えた(いや、考えようとした)、朝鮮朝特有の主理主義によるものだろう。

> 理の方にあまりにも重点を置く立場に立つと、あらゆる事物を理解する時、経験的事実性を軽視する傾向を免れない。そして理想的な人間、生命力の欠如した抽象的な完全人を描きやすい。[35)]

ついでにいえば、第2節で検討した権韠の『周生伝』における周生の場合、彼がいったい善人として描かれているのか、それとも悪人としてなのか、はっきりしない。結果的に周生は妓女俳桃を死に至らせる張本人であり、その意味では悪人であるともいえよう。が、それはあくまで俳桃の犠牲という側面から見てそうであって、厳密な意味で周生の変心(即ち俳桃に対する心が移って仙花に変わる事)そのものを悪と規定するのは、困

35) 尹糸淳「韓国性理学の展開とその特徴」(前掲) 28頁。

難だと私は思う。なぜなら、人間の本性をどのように捉えるかによって、その価値判断は違い得るだろうから。またある意味で周生が俳桃を背反するようになるのは、彼自身の意志にかかわらない運命みたいなものといえないだろうか。周生の生涯は次々とめぐってくる不幸で点綴される悲劇的なものである。何よりも彼は自分の儒教的学問を科挙によって世の中に活かすことが出来なかったし、仙花との婚姻もたまたま勃発した戦争によって成就できずに終わってしまう。こうした一人の弱い人間存在として、善人・悪人とに二つに分けてはっきり区別することのできないような周生の形象とは、善と悪とがないまぜになっている複合的で多面的な人間像として発展しえる一抹の可能性を持っていたのではないかと私には思われる。しかし残念ながら朝鮮朝小説では周生のような人物像は後代の作家たちによって継承されなかった。

このような観点から見れば、庭鐘と秋成によってなされた前期読本における人間の内面性(特に人の心の可変性ないし魔性を描く場面における)に対する描写は、主に女性を通じてではあるが、かなり精緻なものがある。そこで庭鐘や秋成がどのようにして「人間の内面の問題を文学化しえた」かについて考えてみたい。

> しかし読本がそのような人間内面の問題を文学化しえたのは、庭鐘・秋成のラインに成立する短篇奇譚小説の系統で

あって、建部綾足(一七一九～一七七四)・滝沢馬琴(一七六七～一八四八)のラインに成立する長篇伝奇小説ではなかった。ここにおなじ「ヨミ」の伝統をうけつぎながら、文学としてはかなり質のちがったものになっていったのであって、前者に封建制に抑圧されてゆく人間の内面によび声のようなものがあるとすれば、後者にはまったく封建的イデオロギーの文学しかみいだせないような結末が、そこに生れているのである。[36)]

その答の一つは朝鮮とは全然違う展開を見せた日本儒学において求めることが出来るようである。

朱子学の体系は「理」に始まり「理」で終わるといって過言ではない。その理とは「天地の偉大なる生命力と、燦然たる秩序の根底となり、人にあってはやむにやまれぬ道徳的意欲、霊妙なる道徳的判断の根源となるもの」[37)]であり、朱熹は「道徳的規範的価値を普遍化するための説得力ある手段」[38)]として、あのような形而上学的な「理」理論を構築したわけである。

前述した退渓の例に代表されるように、朝鮮ではあらゆるものに純善の道徳的原理である理が内在するとし、なおそのこと

---

36) 森山重雄『封建庶民文学の研究』(三一書房、一九六〇年) 258頁。
37) 阿部吉雄「朱子学の諸特性と日鮮への伝来比較」(前掲) 540頁。
38) 田好根「朱熹心性論の韓国的展開のための最初の葛藤」(前掲) 175頁。

を根拠に道徳(規範)の合理化を図る朱子学の趣旨が、それこそ正統的に受け伝えられた。

> 朱子学で天下の事々物々の考究を通して明らかにしようとする究極的な対象は、事物に内在する物理的な法則ではなく、そのような物理的法則の中から確認できる「必然之理」すなわち「事物当然之理」である。つまり、一体の事物を支配する道徳的な標準を客観的事物から求めようとしたわけである。朱熹のこのような努力は事実、万有を包括する存在の根拠(即ち理)に統一性と永遠性を賦与しようとする試みだったといえよう。従って、このような朱熹の意図をもっとも正確に理解し、それの実現のために努力した人は、理の作用性を強調した李滉だったといえる。それは善と悪とを互いに対応する概念として把握することによって、個人の行為に対する自己反省的な修養を何よりも重視しようとする李滉の意志からのものである。[39]

朝鮮の人々の本然の性に対する信頼とは一つの信仰に近いものであったといってよい。恐らくそれは朱子学が朝鮮時代の国教であったために、朱子の本来の趣旨よりもどうしても強化されざるを得なく、そこに大きな要因があったろうと考えられる。

日本の場合、これとはまったく反対の態度を取る。日本の儒者は朱子学で「理」を高く評価し、聖人にも凡人にも等しく善

39) 同上、176-177頁。

の原型として存在すると信じた「性」に対して、疑いをさしはさむ。

> ひとは漸く朱子学的な連続的思惟の上に安住しえなくなる。天理ははたして「本然の性」であらうか。人欲は抑抑滅尽しうるか、また滅尽すべきものだらうか。理は一切の事物を規定するほどしかく強力であらうか。窮理が純粋に道徳的実践といへようか。人ははたして皆、聖人たりうるのだらうか。修身斉家はそのまま治国平天下の基礎となりえようか。……一の疑惑は他の疑惑を生む。かうしてさしも整序性を誇つた朱子学の連鎖は一つ又一つと断ち切られて行くのである。[40]

日本儒学の展開の上で注目されることは、草創期からかく起り出された、理・性観念に対する懐疑や疑い、それ自体もさることながら、その問題意識が少数者の単なる一種の疑懼心(猜疑心)としてただ終わらなかったということである。

日本では伊藤仁斎や荻生徂徠など当代はもちろん今日でも日本思想界を代表するような大物によって、朱子学で主張される理論の不合理性、不当性が暴き出される。おしなべていえば、日本儒学の展開とは、朱子学的な理論とその思惟の方法

---

40) 丸山真男「近世儒教の発展における徂徠学の特質並にその国学との関連」(『日本政治思想史研究』東京大学出版部、一九五二年)30頁。

を否定的に捉えて行く、と同時にそのような批判的な作業(事業)を行わなければならぬ理由や根拠を意義・理論づけて行く、過程であるといってさしつかえないと思う。

朱子学に対して批判的な態度をとる日本儒者たちにあって、筆者にとって印象的なのは、彼らいずれもが、朱子学さらには儒学でいう「性」はもっぱら善でありそのまま道であるという「本然の性」志向的な人性の捉え方に反対し、それを排撃する点である。ここでは、その中でも学界に大きな影響を与えていた、古学派系列の山鹿素行(一六二二～八五)、伊藤仁斎、荻生徂徠の言によってそれを窺ってみたい。

後儒、孟子性善の説に因つて切りに泥着して、性の本然を以て善と為し、その証を四端の情と良知良能に於て見つべしと為す、太だ差謬す。もし性悪の説を以てこれを論ぜば、人の情欲の発動は悉く支体の欲に出でて、一日の応接四端の情なし。同じく天性を稟け来るも、這箇の僕従奴婢、這箇の辺境教なきの民は、五倫の彝を知らず、その間たまたま一事の善を得るも亦全からず。その余は日月にただ情欲の発動にして、悪多くして善なし。故に見来れば便ち性悪の論その説あるに似て四端の情に於て見つべし等の語用ふる所なし。中庸は性に率ふを以て道と為して、性を以て道と為さず。発して節に中るを以て和を為して、性善を以て教と為さず。これ古昔の聖人終に性の本然を以て道と為さざるなり。[41] (山鹿素行『山鹿語類』巻第四十一)

孟子のいわゆる性善とは、……みな人心発動の上に就いてこれを明かす。宋儒いわゆる本然の云にあらず。晦庵集註に曰く、「性とは、人天に稟けてもって生ずるところの理なり。渾然たる至善、いまだかつて悪有らず」。即ち「性は即ち理なり」の謂いなり。それ跡の見るべき有って、後これを善と謂う。もしいまだ跡の見るべき有らざるときは、すなわちはた何者を指して善とせん。すでに悪の見るべき有らざるときは、すなわち又善の見るべき無し。故に「渾然たる至善」と曰うといえども、しかれども実は空名のみ。……性の善いまだ始めより善悪有らざるの先に在りと謂うときは、すなわち是れわが身を父母いまだ生まれざるの前に求むるなり。最も儒者の理にあらず。[42]（伊藤仁斎『語孟字義』巻の上）

道と申候は、天下国家を平治可レ被レ成候為ニ、聖人の建立被レ成候道にて候。是を天地自然の道と見申候事は、元老荘之説より起り申候事にて、儒書ニは無レ之事ニ候。尤聖人の広大甚深なる智慧にて、人情物理にさかはぬ様ニ御立候へば、無理なる事は豪髪も無レ之候へども、聖人出給はぬ以前より、天地に自然と備はり有レ之候道理ニ而、今日の人も我心に立帰り求め候へばをのづから見え申候事と説

41）以下『山鹿語類』からの引用は『山鹿素行』（岩波書店、一九七〇年）による。

42）以下『語孟字義』からの引用は『伊藤仁斎・伊藤東涯』（岩波書店、一九七一年）による。

> 候は誤りにて候。……程朱之学問は、理気を分ち、天理人欲を分ち、本然気質を分ち候より外は無レ之候。如レ此肝要なる事を、何として古之聖人は説不レ被レ申候哉。……殊に本然気質之性と申儀、得と詮議をつめ御覧可レ被レ成候。畢竟気質之性計につまり候事ニ候。気質を変化すると申事是又無理之至極に候。人のならぬ事を強ゆるにて候。只々心を平にして今日成べき事かなるまじき事歟古とてもかくあるべき歟あるまじき事歟と身にとり御思慮候はば、宋儒之誤は見え分れ可レ申候。[43]（荻生徂徠『徂来先生答問書』）

素行も仁斎も徂徠も「性」を朱子学者のように道徳(の発現)と結びつけようとし性善的には捉えないことが引用部分でも簡明だろう。[44] 彼らは「性」を以下に見られるごとく道徳と何等の関係を持たないものとして理解するのである。

---

43) 以下『徂来先生答問書』からの引用は『近世文学論集』(岩波書店、一九六六年)による。

44) 者はさっき朝鮮朝儒学者の「本然の性」に対する絶対的な信頼態度を朱子学が朝鮮の国教であったことがその大きな要因の一つを形成していると述べた。とすれば日本儒者たちの「本然の性」に対する懐疑や不信は、逆に考えて日本の場合朱子学(および儒教)が国教にされないことを指摘できよう。衣笠安喜氏は「折衷学派の歴史的性格」(『近世儒学思想史の研究』法政大学出版局、一九七六年)の中で、日本で朱子学が批判的に受容(摂取)されたことの社会的背景について述べている。あわせて参照されたい。

性は虚霊にして感通知識のみ。事物の間、その応接交際おのおの教へ習ふ所に因つて、知日に長じ才月に益すなり。今赤子を以て見つべし。彼の出生の時、乃ち夷狄に投じ来らば夷狄の人たるべく、中国に投じ来らば中国の人たるべし。……性は気質を措いて論ずべからず。……視聴言動の用、行往坐臥の便、飲食色情の欲、皆これ気質に因つて起こり来れり。これを以て性と為ざるときは、則ち性は何を以てこれを謂はんや。(山鹿素行『山鹿語類』巻第四十一)

仁義礼智の四者は、みな道徳の名にして、性の名にあらず。道徳とは、徧く天下に達するをもって言う。一人の有するところにあらず。性とは、もっぱらおのれに有するをもってして言う。天下の該ぬるところにあらず。これ性と道徳との辯なり。……性は生なり。人その生ずるところのままにして加損すること無し。董子曰く、「性とは、生の質なり」。周子　剛善・剛悪・柔善・柔悪・剛ならず柔ならずして中なる者をもって五性とす、是れなり。なお梅子は性酸し、柿子は性甜し、某の薬は性温、某の薬は性寒と言うがごときなり。(伊藤仁斎『語孟字義』巻の上)

性なる者は、生の質なり。宋儒のいはゆる気質なる者これなり。……人の性は万品にして、剛柔・軽重・遅疾・動静は、得て変ずべからず。……凡そ人の性はみな欲する所あり。しかうして欲する所は或いはその性を以て殊なり。故に七情の目は、欲を以て主となす。その欲に順ふとき

> は、すなはち喜・楽・愛なり。その欲に逆ふときは、すなはち怒・悪・哀・懼なり。これ性はおのおの欲する所の者ありて情に見る。……人の見る所は、おのおのその性を以て殊なり。辟へばすなはち飴は一なり。伯夷はこれを見て、「以て老を養ふべし」と曰ひ、盗跖はこれを見て、「以て枢に沃ぐべし」と曰ふ。これ它なし。人おのおのその見る所を見て、その見ざる所を見ず、故に殊なるなり。[45]（荻生徂徠『辯名』下）

ここで「性」は道徳と何等の関係を持たない、単に人の身に元来そなわる生得的な性質、気質を指すだけの意味内容となる。[46]そのようにして、性は人ぞれぞれ相違あり得ることが説

45) 以下『辯名』からの引用は『荻生徂徠』（岩波書店、一九七三年）による。

46) 日本近世の思想界で以上のような本然の性の否定、独自的な性認識がいかに普遍的であったかということはたとえば朱子学者の間にこれと同様な見解が見出されるということからも確認できる。代表的な朱子学者である貝原益軒（一六三〇～一七一四）は次のように述べている。
「それ性は、有生の初めに受くるものなり。天の命を降すや、もとより善にして、その初めは不善あるなし。これ一本なり。然れども既にこれを成して性あれば、その初め気を受くる時、もとより清濁・厚薄の斉一ならざるあり。既に稟受して人身にあれば、おのおの一定して性を成す。故に聖と愚との性は、初めより同じからず。」（「大疑録」巻之上）
「日々善ニナラヘバ、善心日々ニサカンニナル。日々悪ニナラヘバ、悪心日々ニサカンニナル。善ニナラヘバ、日々ニタノシミ、悪ニナラヘバ、日々ニ苦シム。善悪共ニナラヒニヨレリ。サレド悪

き起こされ、漸次人間ひとりひとり別々である性こそ、その人をしてその人たらしめる本質的な要素であるとして主張されて行くのである。

このような「性」認識の根本的な転換は、人間の本性を朱子学における性善説に立脚した「本然の性」志向的な本性観とは異なる角度から眺める契機をみちびきだすこととなる。日本の思想界では、朱子学では本然の性の発現を妨げるとして理より低く、ともすれば悪として否定的に処理されがちであった「情」「欲」が、人間の根源的なものとして極めて肯定的に取り上げられていく。

> 人この気稟形体あれば則ち情欲あり。四支の動静に於ける、耳目の視聴に於ける、喜怒哀楽の内に感じ、飲食男女の外に索むる、皆情欲の自然にして、人物悉く然り。…凡そ血気の欲に動き、声色に動き、貨財に動きて以て爵禄の慕ssふべきに至つて、則ち進んで以て達することを求め、名の利すべきことを知るときは、則ちこれを求むるに鋭くして寧からず、これ古今天下の人の通情なり。……人情を矯むるは禅仏の教なり。情を直くして径ちに行なふは老荘

ニハオモムキヤスシ。故ニオソルベシ。善ニハススミガタシ。故ニツトムベシ。……人各長ズル所アリ、短ナル所アリ。長ズル所トハ、得タル所也。短ナル所トハ、得ザル所ナリ。知者トイヘドモ、其得ザル所ハ、愚者ノ得タル所ニハ及バズ。モシ得ザル所ヲ以、知者ヲソシラバ、尭・舜モ、今日ノ凡夫ニオトルベシ。人ヲシラズト云ベシ」(「五常訓」)

の行にして、その教互に相用ひ来る。いはゆる人情を矯むるは、人をして死灰枯木のごとくならしめ、自然の倫を絶たしめ、天性の知を失はしむるなり。情を直くして径ちに行なふは、放逸流蕩して天年を終へんと欲するなり。……大聖君子も亦飲食睡眠色情動作悉く固有す、これ形気に就きて来る底の情なり。色の美を見るときは則ち美を知り、声の佳なるを聞くときは則ち佳を知り、好色を好み悪臭を悪むは天下の通情なり。美を見て知らず、佳を聞きて辯ぜず、これ金石瓦礫の非情なり。(『山鹿語類』巻第三十三・四十一)

苟も礼義を以之を裁すること有るときは、則情即是れ道、欲即是れ義、何んの悪むことか之れ有らん。苟も礼義以之を裁すること無ふして、特に愛を断ち欲を滅んと欲するときは、則是れ枉を矯めて直きに過ぎ、藹然たる至情、一斉に絶滅して、将に形骸を亡し、耳目を塞で、而後止んとす。此れ人人の能く為す所に非ず、通天下の道に非ず。故に聖人は為ず。……富貴爵禄は、皆人事の無んばあるべからざる所の者、只富に礼義を辨すべし。豈徒に以て外物と為て之を厭ふべけんや。……今夫れ飲食衣服は、外物に非ずや。然ども飲食を服せず、衣服を御せず、枵腹裸体して居らば、五日十日ならずして、必ず軀命を隕さん。且薬物人参黄芪の類の如き、多く外国に産す。若し其の外物なるを以て、之を用ひずんば、死亡立どころに至らん。外物の悪むべからざること此の如し。儒者或は軒冕を錙銖にし、富貴を塵芥にするを以て高しと為、世間も亦超然遐挙、人事を蔑視するを以て至りと為。皆道を知らざるの甚きなり。47)（『童子問』巻の上）

「天理」「人欲」は、楽記に出つ。その言に曰く、……これ先王の礼楽を制して以て民を治むるの意を論ず。すなはち論説の言なり。いはゆる「人欲」なる者は、すなはち「性の欲」なり、すなはち好悪の心なり。その文意を味ふに、ただ礼楽以て耳目口腹の欲を節してその好悪を平らかにすることを言ふのみ。初より「人欲の浄尽する」ことを求むるに非ざるなり。いはゆる「天理」なる者は、人の禽獣に殊なる所以の者を指して言ふ。すなはちいはゆる「天の性」なり。また宋儒の言ふ所のごとき者に非ず。「人生れて静か」という者は、その嬰孩の初、好悪のいまだかくのごとくそれ甚だしからざるの時を謂ふなり。これ嬰孩の時を貴ぶに非ず。そのいはゆる「静か」といふ者も、また宋儒のいはゆる「寂然として動かず」といふがごときに非ず。またその好悪のいまだ甚だしからざるの状を指して、以てかの後来の好悪の躁動するを形すなり。（『辯名』下、「理・気・人欲　五則」）

なお、彼らは情・欲を人間の事実として、それに積極的な価値を認め、尊重することにのみ止まらなかった。彼らはさらに

47) 以下『童子問』からの引用は『近世思想家文集』(岩波書店、一九六六年)による。

進んで、情と欲の正体について関心を高めていくのである。そして、それの(本質的)属性を次のように察知するのである。

その間、人は二五の中を得てその知識尤も多し、故にその欲も亦過ぐ。物は知識寡なし、故に情欲も亦寡なくしてただ見聞のみ。故に深計遠慮の謀なし。人物の情欲おのおの已むことを得ざるなり。気稟形質なきときは則ち情欲発すべきなし。先儒無欲を以てこれを論ず。それ差謬の甚だしきなり。師の曰く、人皆情欲あり、多く気稟の偏処に就いてその欲同じからず。気稟の剛底は事を処するに必ず大剛に失す。柔底の人は則ち事を処するに必ず太柔に失す。陽偏なれば則ち事を処すること必ず大過に失す、情忿怒多し。陰偏なれば則ち事を処するにこと必ず不及に失す、情吝退多し。これ皆気稟の偏処に就いてその所見往往同じからず。これ皆情欲なり。……人の情欲は必ず過溢して足ることを知らず。聖人教を立ててこれを制節す、又已むことを得ざるの自然なり。人の情欲おのおの天子公侯の富貴に至らずんば止むべからず。……聖人の禍福利害に於ける、その好悪はなほ人のごときなり。聖人何ぞ福利を悪んで禍害を好まん。学者の高きに過ぐるは、必ず軒冕を銖視し金玉を塵視す、これ却つて人の悪む所を好み人の好む所を悪む、いはゆる人の性に払るなり。(『山鹿語類』巻第三十三)

情とは、性の欲なり。動くところ有るをもって言う。故に性・情をもって並び称す。楽記に曰く、「物に感じて動くは、性の欲なり」と。是れなり。先儒以謂えらく、「情は性の動」と。いまだ備わらず。さらに欲の字の意を見得て分暁ならんことを欲す。人常に人情と言い、情欲と言い、あるいは天下の同情と言う、みなこの意なり。目の色における、耳の声における、口の味における、四支の安逸における、是れ性。目の美色を視んことを欲し、耳の好音を聴かんとことを欲し、口の美味を食らわんことを欲し、四支の安逸を得んことを欲す、是れ情。……心は是れ心、性は是れ性、おのおの功夫を用うる処有り。情はただ是れ性の動いて欲に属する者、わずかに思慮に渉るときは、すなわちこれを心と謂う。四端および忿懥等の四つの者のごとき、みな心の思慮するところの者、これを情と謂うべからざるなり。しこうして惻隠・羞悪・辞譲・是非の心は、乃ち顕然として有る者は、心にあらずして何ぞ。もしこれを心と謂わずして、これを情と謂うときは、すなわちはた何者を指して心とせん。乃ちことごとく心の字を廃して、ひとり情の字を用いて、可なり。しこうして古人喜・怒・哀・楽・愛・悪・欲をもって七情とす。けだし言う情の品この七者有りと。喜・怒・哀・楽・愛・悪・欲を謂いて即ち情とするときは、すなわち不可なり。およそ思慮するところ無くして動く、これを情と謂う。わずかに思慮に渉るときは、すなわちこれを心と謂う。喜・怒・哀・楽・愛・悪・欲の七つの者のごとき、もし思慮するところ無くして動くときは、すなわち固にこれを情と謂うべし。わずかに思慮に渉るときは、すなわちこれを情と謂うべからず。

(『語孟字義』巻の上)

情なる者は、喜・怒・哀・楽の心、思慮を待たずして発する者にして、おのおの性を以て殊なるなり。七情の目は、医書に曰く、「喜・怒・憂・思・悲・驚・恐」と。これその五蔵より発する者に就きてこれが名を立つ。儒書には「喜・怒・哀・懼・愛・欲」と曰ひ、或いはただ「喜・怒・哀・楽」の四者を言ふ。これみな好悪の両端を以てこれを言ふ。大抵、心・情の分は、その思慮する所の者を以て心となし、思慮に渉らざる者を情となす。凡そ人の性はみな欲する所あり。しかうして思慮に渉れば、すなはち或いは能くその性を忍ぶ。思慮に渉らざれば、すなはちその性の欲する所に任す。故に心は能く矯飾する所あり、しかうして情は矯飾する所あることなし。これ心・情の説なり。凡そ人の性はみな欲する所あり。しかうして欲する所は或いはその性を以て殊なり。故に七情の目は、欲を以て主となす。その欲に順ふときは、すなはち喜・楽・愛なり。その欲に逆ふときは、すなはち怒・悪・哀・懼なり。これ性はおのおの欲する所の者ありて情に見る。故に「情欲」と曰ひ、「天下の同情」と曰ふがごときは、みな欲する所を以てこれを言ふ。性はおのおの殊なる所の者ありてまた情に見る。故に「万物の情」と曰ひ、「物の斉しからざるは、物の情なり」と曰ふがごときは、みな性の殊なる所を以てこれを言ふ。また孟子に「これあに人の情ならんや」と曰ふがごときは、直ちに以て性となす。また「訟情」と曰ひ、「軍情」

と曰ひ、「その情を用ふ」と曰ふがごときは、みなその内実を匿さざるを以てこれを言ふ。いはゆる「実と訓す」とはこれなり。また情は矯飾する所あることなきを以ての故に転用するのみ。かつ訟情・軍情も、またおのおの一種の態度あり。しかうしてこれを得ればすなはち瞭然たる者も、また情の性を以て殊なるがごとし。故にこの言あり。宋儒の性を以て理となせしよりして、字義つひに晦く、性・情の相属する所以の者、その解を得ず。(『辯名』下、「性・情・才 七則」)

長きをいとわず以上の内容を引いたのは、これらが日本近世儒学の展開が如何なる面でなされたかを最も特徴的に示すものと考えられるからである。私たちはこれによって日本儒学界で情・欲が人間にとって本来的なものとしていかに確実に位置づけられた(正当化された)かを分明に確認することができよう。

引用文によれば、情と欲は人間共通のやむをえざる自然必然的な感情である。それは元来思慮分別とは何らか関わりをもたないし、そもそも自由奔放な活動をすべきものである。従って、あるがままの情・欲を放置しておくとそれが極めて放縦に流れやすいこともまた事実である。

ところで、情・欲がこのように人間にとっての必然的なものとして把捉され、しかもそれが動いてやまない(躍動する)非論理的・無意識的な属性をもつとして規定されるところから、庭鐘と秋成の人間把握の特質を思い浮かべることは間違っていないだろう。要するに、庭鐘と秋成が朱子学的な本然の性の内在を拒否し、かえって人間を「人欲」を本質とする欲望的存在として考えて、その人間内部にある欲望の実体について一層突き詰めてゆく(あたかも右の思想界の主張を裏づけていくように)姿勢を見せることは、思想界の朱子学相対化の過程から生まれ、深められてきた人情理解の視角が、その背景にあったことをいわなければなるまい。

さて、これまで「前期読本にあらわれている思想性の特質」と題し、意識的に朝鮮儒学の特質との対比という角度から照明を当てながら、日本思想界における「本然の性の否定」「人情尊重」という面をうきぼりにしてきた理由は、次のことをいいたかったためである。

一つは、庭鐘・秋成両者によって表出されている道義(性)というものが、その使用されている言葉は同じであっても、一般的な意味の、すなわち本然の性に対する信頼を前提とし「人情」面に消極的な価値を与える儒教(とくに朱子学ないし朝鮮朱子学)の立場におけるとは、まったく意味を異にするものであることを指摘したかった。そして、だからこそそれは値打ちのあるものではないかということをいいたい。つまり、両者によって提出されている倫理思想性とは既に素行、仁斎、徂徠などによって「本然の性」志向的本性観のもつ弱点が看破され、その情欲を肯定する態度から窺われるように、現実的具体的な人間の姿をそのまま承認しようとする姿勢が、学問や文学活動の根拠として大いにその発展を遂げていた、いわばそうした歴史が前提にあって再び改めて求められる、新しい道徳なり倫理なのだからである。

一つは、しかしそのカテゴリーを異にしているとはいえるものの、前期読本においてどこか道学臭い比較的きびしいモラルが追求されていることは否めないだろう。しかも庭鐘と秋成は道徳倫理の根拠を前記したように人間内部の道徳的心性から求めようとしない。いやむしろ彼らは敢えてそれを排除する形で人間の道徳的行為の根拠なり動機を摸索しようとするのである。こうした内実をもつ「道義性」の追求を従来の如く庭鐘・秋成頃におけるたまたまの中国文学からの影響によるものとすることに、私は疑問を感じる。庭鐘と秋成の道義性追求には単にそればかりではなく、もっと切実な動機賦与的な要素があったのではないかと思われてならない。次節では、このような観点に立って、庭鐘と秋成がどのような理由によって「道義性」を追求するのか、という問題について考察を試みようと思う。

3. 庭鐘と秋成の道義性追求の背景とその意味

(1) 道義性志向への一解釈

庭鐘の作品を読んでみると、道義性は強いにしても、注目されるところは、例えば「白菊」の場合、白菊と夫「守廉」との夢の中での再会の場面であろう。

> 「今此所に時うつらば変化いかにうたがはん。我は早く立別れん」と、行を放ちかねて暫時と惜むに、男も心よはり草の上にかへり座し、つくづくと女房のさまを見て、「容色は衰へねども絶て櫛せぬを挙てやらん」と、胡禄より鬢櫛とり出し、谷水に髪のすさみをうるほし、帰り遅しととがむるともよしやよしのの中たへし、妹背の山の茂り添ふ、木の葉敷寝に寄んとする時、笑ふ声の高きに夢うちさまされ、見れば有りし宴会も闌にして、浅ましや変化の膝によりかかりてあり。

この場面は粉本にはない庭鐘の創作であるが、夫婦の切ない愛情が大胆・率直に描き出されているといえるのではなかろうか。これは庭鐘が道義的側面ばかりではなく「人情」の方の側面にも少なからざる比重を置いていたことの証明でもあろう。[48)]

---

48) 秋成の「人情」描写については第4章において述べるのでここでは省

> 『英草紙』九篇と『繁野話』『莠句冊』中原話の明らかな物それぞれ三篇と二篇、計十四篇について、原話のテーマと翻案物のテーマを整理すると次の表のようになる。(中略)社会批判や歴史論などをテーマとしている作品は、意外と少なく『英草紙』の第一、三、五の三篇に主に代表される。それに比較して友情、恋愛、夫婦愛、女性観など人情を取り扱った作品が、かなり多いことに気づく。49)

しかしながら庭鐘の作品を中国小説の影響という視点から見る時、こちらの「人情」の側面はさほど言及されない。それについて考えてみたい。

朝鮮朝翻案小説を取り巻く環境が「朱子主義」という特殊な状況であったとすれば、庭鐘の場合は次のような独自的な環境があった。

韓国の朝鮮時代と日本の江戸時代は言うまでもなく儒教中心の時代であった。ところが日本の思想界の場合、朝鮮とは異なって朱子学の不合理性を看取し、早くから朱子学の解体作業が行われた。そして、それと並行して進んできた極めて人間肯定的な学説は驚くべきものがある。すなわち日本近世の思想

略したい。

49) 和田松江「都賀庭鐘と中国短編白話小説―その享受をめぐって―」(『香椎潟』22、一九七六年十月) 48頁。

界を代表する伊藤仁斎、荻生徂徠学派の人情の自然、実態をするどく観察・把握し、その上での人間の現実についての行き届いた理解から成立された大々的な人間肯定論がそれである。

> 人の外に道無く、道の外に人無し。人を以て人の道を行ふ、何んの知り難く行ひ難きことか之れ有らん。……若し夫れ人倫を外にして而して道を求めんと欲する者、猶風を捕り影を捉るがごとし。必ず得べからざる。故に道を知る者は、必之を迩きに求む。其の道を以て高しと為遠しと為、企て及ぶべからずと為る者は、皆道の本然に非、自惑の致す所なり。(『童子問』巻上)

> 人ハ活物也。故ニ人事ノ変日ヲ追テ生ズ。是生生不息ノ妙用ナリ。カク生生不息ナルモノヲ、手ニトラヘテ作リ直サントスルハ、ツヨク抑ルホド先ニテハネカヘルコトヲ知ラズ。(『太平策』)

これだけの引用でも生まれながらの人間性を尊重する両儒者のヒューマニスティックな精神姿勢が充分にうかがえよう。両者のこのような人間中心的な考え方はさらに展開して日本思想界にとどまらず日本文学史の上でも一つの画期をもたらすこととなる。

仁斎の論を要約すれば、一に詩広く文学は人情を道うもの

> である。二に、従って文学は勧懲の具ではなく、道徳的なふるいを一度かけた後に、人生に役立つというものではなく、直接にあらわれた人情に共感することによって、人間が完成されてゆくものである。三に和漢雅俗の別なく、人情を道うの点で、本質は一である。四にかえって、雅即ち古典的貴族的な表現を持つ作品よりも、世俗的な眼前ありのままの事実と感情を表現した作品の方が、人情の実即ち真が顕われて、文学上の意義は高くなる。（中略）詩は道㆓人情㆒に始まる伊藤仁斎とその文流の文学観は、その大前提になお儒学をおいてではあるが、甚だ進歩的なものであり、簡単な文章の中に、近代文学思想の持つ諸要素の多くが、不完全ながら備って見出されるのである。[50]

> 徂徠が詩文の制作を積極的に肯定したことは、文学史上画期的な意義を担っている。文学の道徳規範からの独立に確実な基礎が与えられ、現実社会で志を得ない知識人達の、詩文によって欝憤を晴らし性情を養うという文人的生活態度が、これを契機に漸次形成されていった。[51]

すなわち、文学は本質的に性情の表出であるとする、人情論的な文学説の提唱である。

---

50) 中村幸彦「文学は「人情を道う」の説」(『中村幸彦著述集』1、中央公論社、一九八二年) 57頁。

51) 日野龍夫「文学史上の徂徠学・反徂徠学」(『徂徠学派』前掲) 579頁。

> それ詩 性情に本づく。故に真を貴んで、偽を貴ばず。[52]
> (『古学先生文集』巻一、「蕉窓余吟序」)

> けだし詩は俗をもって善しと為す。三白篇の経たるゆえんの者、亦その俗をもってなり。詩性情を吟詠するをもって本とす。俗なればすなわち能く情を尽くす。(『古学先生文集』巻三、「白氏文集の後に題す」)

> 五経之内に詩経と申物御座候。是はただ吾邦の和歌などの様なる物にて、別に心身を治め候道理を説たる物にても、又国天下を治候道を説たる物にても無二御座一候。古の人のうきにつけうれしきにつけうめき出したる言の葉ニ候を、其中にて人情によく叶ひ言葉もよく、又其時その国の風俗しらるべきを、聖人の集め置き人に教へ給ふにて候。是を学び候とて道理の便には成不レ申候へ共、言葉を巧にして人情をよくのべ候故、其力にて自然と心こなれ、道理もねれ、又道理の上ばかりにては見えがたき世の風儀国の風儀も心に移り、わが心をのづからに人情に行きわたり、高き位より賎き人の事をもしり、男が女の心ゆきをもしり、又かしこきが愚なる人の心あはひをもしらるる益御座候。(『徂徠先生答問書』巻中)

等々。なお、仁斎・徂徠は詩文学に限らず白話小説などの俗

---

52) 以下『古学先生文集』からの引用は『伊藤仁斎・伊藤東涯』(前掲)による。

文学の評価においても大いにその価値を認めている。石崎又造氏の指摘されるように徂徠一派の間で水滸・西遊・西廂・明月等の小説戯曲が読まれるようになってから、町人の間にも俗文学を嗜む者が輩出されるようになったのである。[53]

日本の場合は仁斎や徂徠など当時はもとより後世においても屈指の思想家の手によって、すなわち彼らの先導下に小説文学が広く波及されるようになった。伊藤仁斎や荻生徂徠一門(蘐園派)の人々の文学観の根本は、文学を人情を述べるものとして捉えることである。だから実情のよく表れたのが良い文学となる。要するに人間性情のありのままの姿をそのまま如実に描き出すことを文学の最たる使命とする見解である。

ところで、庭鐘が活動する頃になるとこのような文学が本質的に性情の表出であるとする文学観は蘐園の人々から朱子学者まで、そして賀茂真淵の物語人情説、本居宣長の「もののあわれ」論までを含めて、当時日本の進歩家に共通したものとしてもはや普遍的になり、文学に対する基本的な立場として定着していた。

> 青魚もその流を受ける荻生徂徠の蘐園の人々の文学観の根本は、文学は人情を述べるものであったので、実情のよくあらわれたのが、よい文学となる。もっともこの時代にな

---

53)「冠山及徂徠の蘐園を中心とする支那語学」(『近世日本に於ける支那俗語文学史』弘文堂書房、一九四〇年) 123頁。

> ると、室鳩巣や雨森芳洲など朱子学派の人人も、この点では反対しない。(中略)既に述べた如く、蘐園の人人から朱子学者まで、そして賀茂真淵の物語人情説、本居宣長の「物のあはれ論」までを含めて、文学人情説とでも述すべきものが、当代では和漢を通して一般的であった[54]

そこで、中国小説(とくに白話小説)が庭鐘の頃の日本の知識人達の注目を集め、日本文学、特に読本の流れに新しい局面をもたらした理由は、単に人情を切実に描写しているということだけではなかった。日本では述べてきたごとく思想家の次元において既に中国小説の人情(の機微)描写への共感帯が形成され、更にそれが「文学人情説」の裏付けを得て発展を遂げていた。

という事情によって中国小説が庭鐘の頃、特に小説に関わる日本知識人を引き付けたのは、この実情描写の赤裸々さではなく、倫理性ないし道徳性が明らかに表白されているところにあった。つまり中国小説の読者に対し、倫理的・道徳的な指針を与える思想性を持っている点が、当時の文人達のより一層の興味が注がれるところであったのである。

庭鐘の小説が成立する近世中期の上方文壇の代表的な文人の一人であり、中国小説研究家である勝部青魚(一七一二～一

54) 中村幸彦「読本初期の小説観」(『中村幸彦著述集』1、前掲) 227-234頁。

七八八)の次のような『金瓶梅』批評は、この時期の日本知識人の小説に対する立場を見るに非常に示唆的である。青魚は日本の古典小説『源氏物語』『伊勢物語』と『金瓶梅』等を比較して、日本の小説は「情緒的の片寄って、倫理的または思想的な筋が一本通っていない」[55]のに対して、同じ淫書ではあっても『金瓶梅』の如きはその点が明確であると言い、

> 源語、勢語、婬書なれども、雅なるやうに書し故、今の浄留理、八文字屋本程に情がうつらず。日本の婬書は飾りて書くゆへ偽が甚し。芝居にても女の方から慕とふやうに作る也。唐山の婬書は有りのままに書也。金瓶梅なども皆男より女を動かす也。婬乱なる女皆悪人也。男も女に好まるる者皆悪人也。日本とは書かた違ふ也。男は殺さるる所など有。誠に勧善懲悪の訳が立也。陳継済は甚美少年也。中頃両度迄乞食に成、美男ゆへ女の助にて立身せしが、終には、殺さるる也。肉蒲団は始終偷漢奸婦にて、果は禅に帰するなり。煬帝の艶史は尤大部也。残忍事多く見るに耐ず。令山平燕玉喬李など、淫書なれども雑な事もなく、雲雨の状をあからさまに書ぬ故、親子の間にても読るる也。男女互に慕ふて、女も貞女、男も学才有て官に進む。源語などの類は勧懲の道理はすくなし。[56](『剪灯随筆』巻三)

55) 同上、229頁。
56) 引用は『随筆百花苑』第6巻(中央公論社、一九八三年) 295-296頁によった。

小説批評の基準として倫理性、思想性を打ち出している。

ここで特に筆者の注目を引くのは、『源氏物語』とか『金瓶梅』などが淫書と称されても、それらが淫乱であるという理由によって非難の対象にはならないことである。というのは、朝鮮社会においては例えば次の指摘にあるように、

> 『金瓶梅』に対する非難・排撃は『水滸伝』『三国志演義』に比べ多くは取り上げられて論じられていない。これは、『金瓶梅』が儒学者にとってはあまりにも破天荒で反倫理であったためである。これに対し論評を加えることは、すなわちこれを読んだことになる。読むことさえ慎まなければならなかったので、論評はなおタブーであったのである。[57)]

その露骨な性愛描写を理由として「論評さえタブー視」された『金瓶梅』などの淫書が日本では公に取りあげられるのは言うまでもなく、その道義的な面においては高く評価されているのである。これは白話小説の標榜した大きなスローガンの一つでもあり、朝鮮の文人たちに極めて大きな刺激を与えた人情の自然を肯定する側面が、日本の場合儒学者によって既に大いに擁護されていたという事情によるものではないかと、私には思われる。そしてそのことはかえってその後の文人達の視線を倫理

57) ユンソンクン「儒学者の小説排撃」(『語文学』25、韓国語文学会、一九七七年十一月) 48頁。

的な側面の方に注がせる。つまり文学の人情面的分野は、思想家達によって十分に尊重され咀嚼されていたので、強いていえば文人達にとっては殊更に捉えるべき意義の深い、斬新な刺戟剤には成りにくかったかもしれない。

(2) 道義性追求の思想史的背景とその意味

庭鐘と秋成の道義性志向への関心がいかなる契機によって惹起されたのかを、あえて中国文学からの影響から切りはなして考えようとするとき、多方面から考える必要があるだろう。本書ではまずそれを彼らの置かれた時代背景的な側面、特に思想史的観点から眺めてみようとするのである。その一環として前節では、庭鐘の道義化を、近世日本の思想展開のうえでも極めて有力な特質である、人情肯定の面(とくに儒学界の「文学人情説」の早い台頭と普及)と結びつけて、庭鐘頃になると文人たちが最早それには食傷していたものだから、それに対する一種の反動として、文学における思想性が追求されるようになったのではないか、という視点であった。次は、庭鐘と秋成の道義性追求をそれなりの必然性があるものとして考えて、つまり両者が道義性を標榜せざるをえなくなっていた、ある事情がそこらにはあるのではないかという仮定を前提に、さらに考察を加えたいと思う。

これまで私は日本近世儒学の特質を朝鮮儒学と比較する観

点から、ことに本然の性の否定という面に目を向けてきたが、今一つ注目しておきたいことは、素行・仁斎においてはまだ懐疑的でありながらもやはり人間の存在価値・理由は道徳(ないし道徳の実現)におかれていたし、したがって人間内部に内在的価値を持つとして考えられていた点である。

或ひと問ふ、性はただ感通知識のみにして、性必ず善なるの称なく、又衆理を具ふるの説なきときは、則ち、性はこれ形して下なる者か。師の曰く、感通知識は理気の妙用なり。適箇の感通知識あり、故に理気の間感通せずといふことなく、知識せずといふことなし、尤も虚霊にして流行変通し生生息むことなし。これあに形して下なる者ならんや。この妙用なきときは非情なり、人物おのおの自らこの妙用を具へて、人は理に厚くして能く天地の徳に感通し、能く天地の用を知識す、これ万物の霊たる所以なり。性善衆理の思、亦感通知識の裏面より出で来る底の道理なり。(『山鹿語類』巻第四十一)

善教有りと雖ども、然ども人の性をして不善なること、犬馬の我と類を同せざるが若くならしむるときは、則道と扞格して相入らず。惟其れ善なり。故に善を見ては則悦び、不善を見ては則嫉み、君子を見ては則之を貴び、小人を見ては則之を賎しむ。盗賊の至て不仁なると雖ども、亦然らずといふこと莫し。是れ教の由て入る所以なり。蛮貊無教

> の邦、叔季絶学の世と雖ども、人皆化して鬼為り魊為らざる者は、性の善なるが故なり。(『童子問』巻の上)

これが徂徠になると、一変する。徂徠は人間の存在価値を道徳の面からは全然考えようとしなかった。徂徠にあって人間とはその内部に道徳的自発性・自律性などの内在的根拠を一切備わらない「'見る所は人々殊なり''我が心を以て我が心を治むるは、譬へば狂者みづからその狂を治むるがごとし'(『弁道』)といった分裂した存在」58)としてとらえられていたのである。

> 善悪はみな心を以てこれを言ふ者なり。孟子曰く、「心に生じて政に害あり」と。あに至理ならずや。然れども心は形なきなり。得てこれを制すべからず。故に先王の道は、礼を以て心を制す。礼を外にして心を治むるの道を語るは、みな私智妄作なり。何となれば、これを治むる者は心なり。治むる所の者は心なり。我が心を以て我が心を治むるは、譬へば狂者みづからその狂を治むるがごとし。いづくんぞ能くこれを治めん。故に後世の心を治むるの説は、みな道を知らざる者なり。(『辯道』)

すでに第4章第3節の末に、庭鐘と秋成における本然の性の否定ならびに人情尊重の姿勢は、素行以後の日本儒者たち共

---

58) 相良亨『日本思想史入門』(ぺりかん社、一九八四年) 268頁。

通の姿勢を踏襲あるいはそれに由来するものであることを指摘したが、より厳密にいえば庭鐘と秋成における本然の性の拒否とは、どちらかといえば徂徠学的な立場にたっているものといえよう。あるがままの人間を容認しながらも一方では依然として人間を「人倫的存在」としてとらえて人間内部に道徳的能力の潜在可能性を完全には排除することのできなかった素行・仁斎におけるというよりは、上にみられる徂徠におけると合致するもののごとくである。

衣笠安喜氏と小島康敬氏はつぎのように、

> 徂徠は、人間の本性は善悪いずれにも偏しない価値以前の状態であるとし、その性が物に感じて動く「人欲」を考え、他方では礼楽=道徳はその人欲を外から節制であるとみた。内・外を分離したのち、「外内を合」する性の外在的道徳への順応同化が、人間の到達すべき理想的な道徳的境地であるとしたのである。人間の性を善とおさえ、道徳的原理が性と同質であるとする朱子学の道徳論にくらべると、ここでは人間と道徳との関係は内的関連はたち切られてたしかに弱められている。それはいってみれば、性と道徳、人間性と儒教道徳との対立・分離が意識されてはきたが、まだ救いがたい敵対的な関係にまで深まっていない段階で通用する論理であった。事実、徂徠では両者の関係は、礼楽の絶対性と人間の道徳的志向の自発性とを楽天的に信頼することで解決していたとみてよい。[59]

> ペジミストと言われている徂徠ではあるが、彼にはなおこのように人間に対するふてぶてしいまでの信頼が残っていた。正確に言えば、徂徠は人間の道徳性に関しては悲観的な考え方を持っていたが、人間の能力に関しては楽観的な考え方を持っていた。[60]

と述べ、徂徠では人性と道徳との内的関係が(人間内部の道徳性とは関係ない形で)微弱ながらもまだ維持されていたことを指摘している。衣笠氏によれば日本儒学界で道徳が人間の本性といささかも内的関連を有しないとして把握されるようになるのは徂徠の高弟太宰春台(一六八〇～一七四七)においてである。

> 春台では、こうした元禄期の楽天性はすでに失われている。そこでは人間の本性である人欲・人情は「人と争うては、人に勝たんことを思ひ、人と競ては、人に後れじと思ふ。……「競争の心」「財利の欲」「色欲」ととらえられており、一方、道徳は「凡そ聖人の道には、人の心底の善悪を論ずること決して無き事なり」から「内心は如何にもあれ、外面に礼義を守つて犯さぬを君子とす」(『聖学問答』)とあるような、人間の本性とはまったく内的関連をもたぬ、外

---

59) 「折衷学派と教学統制」(『(岩波講座)日本歴史』12、岩波書店、一九六三年) 204-206頁。
60) 小島康敬「儒教的世界像の崩壊と太宰春台」(『徂徠学と反徂徠』ぺりかん社、一九九四年) 93頁。

面的・形式的で、また強制的な存在とされたのである。

これを踏まえて私見によれば、庭鐘と秋成に見られる本然の性への拒否姿勢は、徂徠より春台の思想的立場に近いものがあるのではないかと考える。それは以下検討する春台の人間性把握に徴していえる。徂徠では人情人欲を客観的考察の対象とし積極的に取り扱おうとすることは確かにそうであるが、しかし徂徠の場合それ自体についてそれほど(本格的には)言及していないことは注目の値がある。先にあげた『辯道』を含めてほんの少しの部分においてのみである。これに反して春台は人情人欲に対して多大な関心を払っており、真正面から焦点をあわせている。

凡天下ノ人、競争ノ心ナキ者ハ有ラズ、競争ハ、アラソヒ、キソフナリ。キソフトハ、人トハリアフナリ。人ト争テハ、人ニ勝ンコトヲ思ヒ、人ト競テハ、人ニ後レジト思フ。是人情ナリ。又夏ハ涼キ処ヲ好ミ、冬ハ温ナル処ヲ好ミ、栄利ノ事ニハ、人ヲ推ノケテモ進ミタク思ヒ、労苦ノ事ニハ、人ヲ出シテ己ハ逃タク思ヒ、人ト物ヲ分ル事アレバ、自己ニハ少モ善キ物ヲ、少モ多ク取タク思ヒ、利ニ就クコトハ、青蠅ノ肉ニ集マルガ如ク、害ヲ去コトハ、毒蛇ヲ畏ルルガ如ク、都テ何事モ人ニカマハズ、一己ノ便利ヲ求ル心アル、是天下ノ人ノ実情ナリ。此実情ハ、賢者モ愚者モ、君子モ小人モ、同ク有リ.[61] (『聖学問答』)

> 此等ノ人情、常理ニテハ知ガタシ。必其人ノ身ニナリカハリテ察セザレバ、其実情ヲ得ルコト無シ。凡人情ヲ知ルコト、物理ヲ知ルヨリモ難シ。物理ハ、善ク書ヲ読ミ学問シタル者ハ是ヲ知ル。人情ハ書ヲ読ミ学問シタル計リニテモ知ラレズ。天下ノ人、貴賎等ヲ異ニシ、其好悪苦楽一様ナラザレバ、尋常ノ道理ヲ以テ、外ヨリ遥ニ推察シタル分ニテハ、中ラヌコト多シ。唯善ク学問シタル上ニテ、其品々ノ人ニ近ヅキテ、親ク其事ヲ見聞シテ、一々ニ其人ノ身ニナリかハリテ、其隠微ノ所ヲ深ク察シテ、其所業ト其言語トニ意ヲ注デ、精ク思惟スレバ、其大要ヲ得ル也。サモナクテハ、決シテ人情ニ通ズルコト能ハズ。(『経済録』)

もちろん春台のこのような見方は明らかに人情人欲に積極的な価値を賦与し、なおその働きについてペシミスティックであった徂徠の思想を受け継いだものである。しかし人情人欲の実体(実態)について徹底的に追究しようとし、その働きを「直接的な観察」[62]によってえたところをもって具体的に述べている思想家は恐らく春台以前にはなかったのではないだろうか。しかも春台が見せる人間性把握の特徴は、庭鐘と秋成における人間把握の特質をほとんどそのまま髣髴させるものであるのである。

このことから考えて、庭鐘と秋成が人間を欲望的な存在とし

---

61) 以下『聖学問答』『経済録』からの引用は『徂徠学派』(前掲)による。
62) 注59)、204頁。

て考え、多様な人間の私欲、たとえば「人間情熱の歪曲とむすびついた愛情・嫉妬・執念・怨恨・復讐」[63]の如きを人間の本質に帰属せしめて、それらの実体を徹底的に追究してゆく、そしてそれを(あの女性像にあらわに現れているように)無意識的本能的な、変わりやすく不確かなものとして認識する、こういった考え方に最も直接的な影響を与えた思想家を求めるとすれば、それは「人欲人情を天性として明確に規定するばかりでなく、‘天然の自然’たる‘人情’の実体を追求して ‘人と争ては、人に勝んことを思ひ、人と競ては、人に後れじと思ふ’、‘争競の心’、‘都て何事も人にかまはず、一己の便利を求る心’、‘財利の欲’、‘色欲’ととらえている」[64]春台にほかならないとすることは妥当であろう。

ところで春台はなぜに徂徠では「性と道徳、人間性と儒教道徳との対立・分離が意識されてはきたが、まだ救いがたい敵対的な関係にまで深まっていな」かったのをあえて「救いがたい敵対的な関係にまで」押し進めて考えようとするのか。このことは春台の同時代への認識が関与していると思われ、なおあの極度までに進められる「礼」重視思想も、彼独自の同時代認識と深く関係するものと考える。更にいえば庭鐘と秋成における道義性追求は、春台的な問題意識、思想的立場と似通ったとこ

---

63) 森山重雄『封建庶民文学の研究』(前掲) 266頁。
64) 「折衷学派の歴史的性格」(『近世儒学思想史の研究』法政大学出版局、一九七六年) 151頁。

ろが多いと私は見ている。

春台が徂徠の思想の路線を踏まえながらも、なおそれから逸れてあらためて人情把握の問題を提起し、人情の直接的な観察の必要性を主張している理由について衣笠氏は次のように、

> 春台の人間性の把握は、その現実社会における基盤といったものを問うならば、そこにあるのはまさに営利追究を目的とする商人ないし商業資本の人間観であろう。春台は、その素朴経験主義ともいうべき立場から社会の実情に則そうとすれば、商業資本的な人間観を一般的な人間観としてとらえざるをえなかったのである。政治史的にみれば、『政談』や『太平策』にしめされた徂徠の復古的制度論が、元禄・享保期の商品経済の浸透に苦しむ武士階級の自然経済社会への回顧と、それへの復帰の幻想的な可能性を社会的基盤とし、享保改革の復古的意図に歩調をあわせるものであったとすれば、春台の立場は、商業経済浸透の現実を否定しえない時勢をみてこれに対応し、商業資本の積極的な利用策をとらざるをえなかった改革の後半の諸政策、ないしはきたるべき田沼政治の展開に相応ずるものであった、ということになろうか。65)

と述べている。近世日本では「元禄ノ頃ヨリ田舎ヘモ銭行渡テ、銭ニテ物ヲ買事ニナリタリ」(『政談』巻三)と徂徠がいうご

65) 注59)に同じ。

とく、元禄期(一六八八～一七〇四)頃から農業技術の進歩・生産力の向上・商業的農業の発達などによって商品(貨幣)経済の発展が社会に顕在化される。徂徠学とはいわばそのような時代的情勢を直視し克服して行こうという思想として登場してくる。徂徠においては彼の古典的封建制への復帰志向姿勢に窺える如く商品経済がもたらす封建社会の変化をある程度まで食い止める(阻止する)ことができるとして考えられていた。しかし歴史的時代的推移というのは、徂徠の見方とは符合しない方向に向かっていったこと説明を要しない。

春台頃に至れば貨幣経済は日本の全社会に浸透してきており、もはや幕府財政を威脅する存在にまで成長していた。つまり時代的趨勢とは春台をして商品経済との妥協を越えて、それへの依存を余儀なからしめる線まで来ていたのである。時代は商品経済がすっかり一般的な社会的条件として定着してきており、春台としてはそのような現状を反映し、それに対応していく思想を提出せざるをえなくなっていたといえよう。ここに春台が「商業資本的な人間」をその学問の主要たる対象としてゆく事情が判明する。そうしてかく「商業資本的な人間」の実際に即すれば即するほど、欲望があらわな形で認められるようになるのはあたりまえである。

日本儒学界で素行以後の古学派達によって人欲が人間にとって不可欠の事実としていかに正当化されたかは何度も確認してきた通りだが、その欲の認定も「人ト争テハ、人ニ勝ンコトヲ思ヒ、人ト競テハ、人ニ後レジト思フ。是人情ナリ。」ということろまで膨大となった上では性と道徳、人間性と儒教道徳の間に何らか内的な関連があるとして結びつけることは、もう甚だ困難だろう。この際春台は人間内部の道徳的能力の潜在・内在可能性を全く拒否してしまうわけである。

春台が「礼への過度の固執」[66]を見せることも、彼の鋭い同時代への認識と関係していると考えられる。徂徠歿後、公的な側面(政治学)を継承する経学派と、私的な側面(文学)を継承する詩文派とに分極化してゆくなかで、徂徠学の本領ともいえる前者の公的側面を継承した代表的人物である春台が、徂徠の顧みることのなかった個人の「心法」の問題(つまりは「礼(楽)」の重視思想に帰着する)に対して、少なくない関心を抱いていたことは周知の事実である。[67]春台にとって殊更に個人におけ

---

66) 小島康敬「太宰春台の「礼」への固執と同時代認識」(『徂徠学と反徂徠』前掲) 106頁。

67) 「心自体の自己統御能力を認めず、外的な形式秩序による心の醇化をはかることは、すでに徂徠に見られた議論でもあった。しかし、徂徠の議論に比して、春台のそれはより緊迫した論旨の運びとなっている。徂徠は心でもって心を制することはできないとして、心の問題それ自体に対する関心をほとんど放棄して、詩文の世界を専らにしたが、春台は「礼楽」による心の制禦という問題を前面に押し出し、どうしても心の問題に目を向けてしまう。それ故、徂徠と春台との礼楽観には微妙な差が生じてくる。徂徠がいう「礼楽」はどこまでも社会総体の全体的秩序にかかわる広範な概念であったはずである。春台も基本的にはこの考え方を継承するが、彼は個個人の内的な心を統制する機能としての「礼楽」をより

る心法の問題が浮かびあがってくる理由については既に様々な観点から論じられているが、筆者の場合中でも次の二つの要因を根本動因として考えている。ひとつには、春台の「商業資本的な人間」本位の人間性把握をあげられよう。つまり先に検討したごとく、春台において人間の本性とは、一言でいえば欲望のかたまりである。ということだけに、なおさらそれを礼によってコントロールする必要は切実さを増してきたといわなければならない。さらに今ひとつの要因としては、当時表面化されつつあった「道徳意識」の低下・堕落という現象の到来が、春台の対処すべき当面問題としてあったように思われる。

次に、中野三敏氏が指摘するごとく、

> 儒学とは、いわば学問と政治と文学のすべてにまたがる壮大な体系をもつものであること言うまでもない。そして徂徠学の特徴とするところは、学問としては古典解釈学として古文辞学を新しい成果とするが、対社会的にはとくに公的な政治と私的な文学の面で際立った印象を与えていたことも言うまでもない。……政治の学としての徂徠学は、以

強調する。春台にとって、「礼楽」とは社会の総体的秩序概念である前にまずなによりも個人の心を制禦する秩序概念であった。徂徠にとっては、「礼」とは人情を最も自然な形に解放するものであったが、春台にとって「礼」とは人情をある一定の形に制禦するものであった。(小島康敬「反徂徠学の人々とその主張」『徂徠学と反徂徠』前掲、199-200頁)

> 後大いに用いられて各地に名君賢相といわれる施治者を登場させることになる。またその文芸面での主張は、私的な自己解放を放恣に実現させるものとして、これまた実に狂的なまでの流行を見せ、次代の田沼政治の自由な風潮のなかで、きわめて多くの信奉者を持ち続ける。そしてその結果、儒学体系のなかの一本の大きな柱であったはずの道徳の学において、大きく逸脱するところを生じたのも、すでに事実として諸家の指摘するところでもある。[68]

徂徠学は日本近世政治史のみならず文学史に対しても実に大きな影響を与えているが、その影響力の大きかっただけに、徂徠学の最大の特徴でもあり決定的な弱点でもある、道から道徳的要素を排除したことによる 「道徳軽視風潮」は一つの社会問題として深刻な後遺症を残した。

> 蘐園派が先導する文学の道徳からの解放の思潮に刺激されて、都市という自由空間に多くの文人が簇生した。彼らは修養を顧みず、詩文の世界に遊んだ。それはいわば都市における社会現象とも言えるほどであった。(中略)詩は君子の遊び、まだしも許されよう。それがいつしか詩会は添え物、酒が主となった。「先王ノ道三代ノ礼楽ナドトロニハイヘドモ其ノ身不行儀ニテ……詩会ト号シテ大勢弟子

---

68) 「十八世紀江戸の文化」(『日本の近世』12. 中央公論社. 一九九三年) 59頁。

ヲ集メ、茶屋ノ座敷ナドヲ借リ会合シテ、詩作ヲバ粗略ニシテ専ラ酒飲ノ遊ビヲナシ……大ニ不行儀ナル儒者ナリ」(伊勢貞丈『幼学問答』)。国学者の上田秋成(一七三四～一八〇九)はこういった儒者のていたらくを、「儒者のこわくないやうに成つた事は、翁が生涯の中也。学問や詩文は下手でも、きつと聖人のけづり屑は見へた事じやあつた。……身持がわるうて、徂徠学じやといへば、今の俳かいしのやうな相場じやあつたげな」(『胆大小心録』)と皮肉った。儒者を俳諧師にまでおとしめた、その元凶はと言えば徂徠である。「有志の人」は「厳戒」せと、と大田錦城(一七六五～一八二五)は警告する。“百年前までは、学者質素にて、皆有用の学を為したり。近時物茂卿の徒より、学問皆、空詩浮文に流れて経義道学など講ずる人少し。此二十年以来は、学問益々浮薄にして、書画文墨にのみ走り、風流を以て学問となす。恐るべきの甚だしきなり。有志の人は厳戒せずんば有べからず”

蘐園一門、及びそれに触発された詩酒風流の徒の道徳的ルーズさは、徂徠が「学は寧ろ諸子百家曲芸の士と為るとも、道学先生と為ることを願わず」(『学則』)と宣言したときすでに約束された事態ではあったが、いまは誰の目にも明らかであった。かくして、謹厚篤実であった学問世界に「邪説」をまき散らし「放蕩」「酒食」を持ち込んだ、「曲学」徂徠学は糺弾されなければならない。いたるところで徂徠の学説・思想への批判が噴出する。[69]

69) 小島康敬「儒学の社会化」(『日本の近世』13、中央公論社、一九九

徂徠学への批判は、朱子学派(尾藤二洲・紫野栗山・西山拙斎・頼春水)から、懐徳堂学派(五井蘭洲・中井竹山)から、折衷学派(井上金峨・片山兼山・細井平洲)から、考証学派(太田錦城)から、などと儒学の多方面にわたり様々の角度から行われるのだが、反徂徠的立場に立つ人達の最もはっきりした特徴は、徂徠学(春台をも含む)における道徳学の欠如を指摘し、それが日本社会に及ぼした弊害を告発する点である。彼らは、儒学の本領を専ら政治的な面に置くことによって道徳的頽廃風潮を社会に蔓延化させたとして、徂徠およびその門下生に対して猛烈な非難をあびせると共に、儒学の本体はあくまで修身、心法にあることを力説して、道徳学としての儒学の復権をはかる。しかし春台にあっても、いよいよ迫ってくるこうした儒学界の懸案が、かなり大きな問題として意識されていたと考えられる。春台が異常なまでに礼を強調することは、徂徠の思想における修身論の欠如を彼自ら徂徠学のもつ最もの盲点として強く認識して、いうならば彼なりにその点を補おうとしたものである。[70]

つまり春台の礼重視思想は、近近日本儒者たちに絶体絶命の課題として浮上してくる、道徳学としての儒学の本質を回復しようとする動き(運動)の先駆けとしての側面があり、すなわちこの時代の儒者たちに課せられる課題を誰よりも早く明瞭に

三年) 128- 129頁。

70) 同上参照。

読みとって、その課題に対し真摯な姿勢で答えようとするものにほかならなかったといえよう。

徂徠によって失われた「道徳」への「注視」という面では、春台も、反徂徠的立場にたつ人たちも、なおこの人たちと同時代を生きた庭鐘・秋成も、いちおう共通するといってさしつかえない。しかしながら両方をひとしなみに扱うことは妥当ではない。なぜなら、両方が同じく道徳の重要性を認識して強調したとしても、道徳に対する意識にかなり異質的なものがあるからである。春台のいう道徳はつまりは中国聖賢が建てた「礼楽」そのものである。それはどこまでも人間の道徳性とは切り離された、絶対的外在的な規範・制度である。これに対して反徂徠学派によって主張される道徳は、再び人間の道徳性および天下と結びあわされる、内在的根拠、普遍的指標である。強いていえば、徂徠以前の朱子学におけると近似した性格を有するものである。

筆者はさきに庭鐘と秋成における道義性追求に、春台的な問題意識、思想的立場と似通ったところが多いと見ているといったが、最後にそれについて触れて第Ⅰ部を締め括りたい。

春台が道徳を人間性と対立するものとして捉えたことには一長一短があると思う。まず欠点からいえば、何といっても春台の場合道徳を完全に人間性から分離させて外在的な規範・制度としてばかり捉えた結果、道徳を極端的に形式化させてしまう弊害を生んだ。

> 聖人ノ教ハ、外ヨリ入ル術ナリ。身ヲ行フニ先王ノ礼ヲ守リ、事ニ処スルニ先王ノ義ヲ用ヒ、外面ニ君子ノ容儀ヲ見タル者ヲ、君子トス。其人ノ内心ハ如何ニト問ハズ。……サレバ聖人ノ教ハ、衣服ヲ最初トス。内心ハ如何ニモアレ、先君子ノ衣服ヲ着セテ、サテ君子ノ容儀ヲ習ハシ、次ニ君子ノ言語ヲ教ヘ、ソレヨリ漸漸ニ君子ノ徳ヲ成就セシムルナリ。徳トイフハ別物ニ非ズ衣服容儀言語ノ凝カタマリタル者ナリ。(『経済録』)

しかしながら春台が「性」を道徳と敵対的な関係にまで対峙させることによって、性それ自体を別個の主要研究対象として突き詰めていったことは、人間の実体認識という面において、端的に庭鐘・秋成における人間内面描写の精緻さから窺われるように、文学史的に見ればすぐれた成果をもたらしたと思う。

春台によって深化される人間性への理解は、反徂徠学派の間ではそれ以上展開されなかった。その理由はたぶん彼らが春台とは反対に人間性(道徳性)の側に立って道徳を見直そうとしたためではないかと思う。春台のように人間性を把握しては、性と(儒教)道徳とを再び結びつけることは困難であろうと考える。それが庭鐘と秋成にあっては、春台の如く、否それ以上に、人間性への理解の深化・発展が見出される。と同時に「道徳への注視」をも行われている。ということから、庭鐘と秋成における道義性追求に、春台的な問題関心、思想的立場と似通っているところが多いと思うわけである。

ただし私は庭鐘と秋成における道義性追求に春台的な問題関心に符合するところがありながらも、または両者が春台の思想的立場を前提にしながらも、注目すべき転換がなされたと見なしている。

春台と庭鐘・秋成との人間性への観点が、人間を経験的に認められうるあらゆる欲望感情を有するものとして捉える点で非常に類似すると述べたが、両方における道徳の問題は結局はそのように多様・個別的な欲望の存在である人間をどのようにコントロールするか、という問題に帰着すると思う。春台の場合、それを専ら聖人の建てた礼楽を以て解決しようとした。これに対して庭鐘と秋成の場合、両者の作品世界を通じて窺えるように、春台の如き礼楽という巨大な儒家的観念ではなくして、当時日本人の現実生活に密着した、より日常的具体的行為の指標を追求、提示しようとする傾向を見せている。

私はこの春台の礼楽から庭鐘・秋成の現実生活に即した日常的規範への「道徳意識の転換」に大きな意味合いが含まれているのではないかと考える。ここではじめて道徳は儒教の確立とか存立とかにかかわる思想的イデオロギーとしてではなく、人間の基本的な(まともな)営みのための、あるいは個人的な必要によって、あるいは個別的な状況に応じて、自律的に蘇る一つの方向性、情神性(モラル)のようなものであるからである。

結論的にいえば、庭鐘と秋成によって表出される道徳とは、反徂徠学派における如き再び人間内部の道徳性および宇宙万物に結びつけられ理念化抽象化されることなく、なお、道徳と性の関係を全く断絶させることによって極端的に形式化する春台におけるとも峻別される、一種の好み(嗜好)・欲望に近い形で、人間本性の一つ[71]として、ふたたび人間性と内的関連を結

71) 筆者は人間内部の道徳性内在の如何を離れて道徳に対する欲望・憧憬もまた人の本性の一つとして考えている。「礼教は宗法封建社会の維持を生命とする道徳の体系である。人生の真実を追求する行為も、いわゆる淳風美俗を乱すものは、非道・悖徳として無視し、断罪した。正史の史家たちは、おおむねこの礼教のわく内で人の行動をあげつらってきたのである。新・旧『両唐書』の烈女伝は、礼教の道の鑑としての女性の顕彰碑であった。生身の人間の行為は道徳のみでは処断できぬ。まして礼教は社会秩序の維持に偏した道徳であった。礼教的価値観のもとで軽んじられた小説は、それゆえに逆に、礼教のわくを外して人間を描き得た。ときには、道徳的感覚に捉われることなく、生身の人間の姿を描いたのであった。しかし道徳に対する欲望・憧憬もまた人の本性である。道徳の実践、人生の真実の追求には、危険と犠牲がともない、ときには、劇的でセンセーショナルな事件さえ引きおこす。小説にとっても、道義の実践に邁進する女性の顕彰は絶好の課題であったのである。唐代の一部の小説には、正史烈女伝さながらの姿がしるされてもいる。かつそれらの作品の一部が、とくに『新唐書』の烈女伝に集中的に史料源を提供していたことも確認できるのである。ただし、小説の作者の道徳意識は正史烈女伝の編者とは往往ちがっていた。彼らは礼教を超えた人生の真実を追求する女性たちをも顕彰したのである。また、人生の実相、悪徳の世界にも目をむけ、正史烈女伝が失なっていた悪女の特筆と懲罰をもおこなったのである。唐代小説の作者たちの顕彰と勧誡は、礼教にのみ捉われぬ道徳意識、人間の実相に対する旺盛な興味によって、両『唐書』烈女伝の編者のそれよりも、多彩であり深く、

び、個人の意志によって選択可能な、個人的自律的モラルである。そうして、そのような個人的自律的モラルという次元から「道徳倫理への寄与」が意図されたもの、という意味合いにおいて、道徳意識の面で画期的なものとして考えられるのである。今後なお十分な検討を要するところである。

ゆたかであった。」(山崎純一「両唐書烈女伝と唐代小説の女性たち―顕彰と勧誡の女性群―」『中国文学の女性像』汲古書院、一九八二年、184-185頁)

第Ⅱ部
十八世紀知識人の
「著書発憤説」受容および展開

第1章
「発憤説」展開に対する従来の評価

不遇な知識人が憤りを洩らすことによって文学が成立するという考え方は、飯倉洋一氏1)が述べられた如く、『史記』の「詩三百篇は、たいてい聖賢が憤りを発して作為したもの」(「太史公自序」)と見えて以来、「水滸伝は発憤して作ったものである」(李卓吾「忠義水滸伝序」)と、演義小説観にまで繋がる中国伝統の文学観である。この著書発憤説が享保以後の日本近世中期の文芸界に顕著にあらわれるようになり、文人の著した談議本や初期読本に少なからざる影響を及ぼしていることは、周知の事実である。

日本近世の文芸界において享保期(一七一六～三六)を過ぎてから新しい動きが見え始める。それが以後江戸を中心に大々的に展開される述志の文芸の誕生であるが、その流れを形成す

1) 「奇談から読本へ」(『日本の近世』12、前掲) 303-304頁参照。

る最も大きなきっかけとなったのが、他ならず著書発憤の精神であった。この述志の文芸に表れている、この時期の知識人たちの主な主張とは、

> 見渡せば、老漢と阿婆をこきまぜて、都ぞ春の彼岸の中日、寺町通りは門並に、説法談義の花盛。いづれ一人も媼に姫いぢれといふ勧もなく、爺に欲かわけといふ、教もなけれど、辯舌に利鈍ありて、耳に入ルと、いらぬとのさかひ、損徳はるかにへだたれども、併勧善の志は一なり。是を教化の書物に比せば、貝原先生の『大和俗訓』、『家道訓』は、むくむく和和として、極上上の能化談義。自笑、其蹟が『娘形気』、『息子形気』は、表に風流の花をかざり、予が此草紙は、新米所化が、田舎あるきの稽古談義、舌もまわらぬ則だらけ、智者の笑は覚悟のまへなり。されど教化の志は、能化にもおとらじ物をと、少小臂を春雨の、徒然なぐさむ伽にもやと、下手談義とは名付けらし。但し自分、本堂建立の為にもあらず、仏餉袋の押売して、隠女の飯米にも致さず、教化一片の徹魂、這裏にあり。[2](静観房好阿『当世下手談義』序)

というところからも窺われるように、当代の世態を憂え、庶民への教誡を志したものである。それには当時のとくに江戸庶民

2) 以下『当世下手談義』からの引用は『田舎荘子・当世下手談義・当世穴さがし』(前掲)による。

のさまざまな風俗が取りあげられて、その頽廃を批判しながら教訓が盛り込まれている。

この時期の談義本における著書発憤の精神の由来や、その内容が「俗を矯め、世を憤る」という対社会的な憤りすなわち公憤であること、なおかつその公憤の特徴が「儒教道徳擁護の為の憤り」であった点などについては中野三敏氏の「談義本—その精神と場—」において、

> 述志の内容が対社会的なものである場合にはより一層その背景には中国思想の影響が濃いものと思わねばならない。……「水滸伝」の如き俗書でさえ、その志す所は社会に正義の行なわれぬを黙視し得ない発憤の書であるとする考えは、一種の社会音痴と称しても良かった我が国の文人達にかなりな衝撃を与えたらしい。この頃から対社会的な憤りを主張とする文芸がなにがしか目立ち始める。そしてその「憤り」の内容となるものは大率現実に真の聖人の道、仁義礼智の行なわれぬを見て発する「憤り」であり、即ち儒教倫理を擁護する「憤り」というのが大方の所である……[3)]

とあり、示唆的である。また初期読本作者の一人である都賀庭鐘においても、中国の著書発憤の精神が動機誘発となって経世済民な立場から教訓のために執筆する姿勢がうかがえる。

---

3)『戯作研究』(中央公論社、一九八一年) 57頁。

「今の世、大道を照すに人乏しく、光をつつむ人はなほ更なれば」と当代の時勢を嘆く庭鐘は、自分の文学における志すところを次にように、

近路・千里の二人の主は、余が物覚えてより、竹馬に鞭打とし夕影、隣を遷されし朝も、行くに留るに、形影の離れざるがごとく、素姓も亦余に斉しく一畝の民にして、耕いとまなきに、雨日の閑の時時、此の草紙を記して、同社中の茶話に代ふるの本意とす。原より名山に蔵して、後世を待つの物にあらずといへども、此の書義気の重き所を述ぶれば、昔より牛喘を問うて詩の政を知り、馬洗の音を聞きて阿字をさとり、風の音に秋の深きをしり、碪のひびきに冬の近きを思ふためしあれば、鄙言却つて俗の儆となり、これより義に本づき、義にすすむ事ありて、半夜の鐘声深更を告ぐるの助とならんこと、近路行者・千里浪子の素心なる哉。(『英草紙』序)

と述べている。このような教訓的な態度とは『源氏物語』『水滸伝』『金瓶梅』などを論ずるうえで、小説批評の基準として倫理的思想性を打ち出しているところ(『英草紙』序および『義経磐石伝』跋参照)や、

其首なる雲のたちいる談は、是をこそ一方の雲の賦と号べきか。守屋の連不言の裏に意ふかく、廏戸の理もよく展た

り。手束弓の故事に任氏の伝奇を繋ぎ、邪色の人を蕩すことを覚す。白菊の巻は白猿梅嶺の旧趣を仮り、点卜の前数に因る事を説き、女教の名実全からんことをはげましむ。唐船の弥言は聚散の悲喜を尽し、望月の偶言に竜雷の表裏たるを断る。江口の始終は杜十娘を飜して、侠妓の偏性をかたり、子弟の戒となすなる。宇佐美宇津宮の戦略は軍機の得失顕らかに、南朝の絶ざる昔物語見ゆ。(『繁野話』序)

と自分の作品における寓意を直接説明してそれを具体化しているところなどから見て、庭鐘の作家精神の根本をなすものといって差し支えない。

ところで、同時代知識人たちの発憤内容のほとんどが以上のように、経世済民的な立場に立って儒教的な仁義からみた倫理的・道徳的な憤激ないし批判である公憤であったのに対して、上田秋成が憤りとして示したものはそれとは異なって「作者個人の内面的感情の放出」[4]である「私憤」であって、独自的である。

秋成における重要な文学的モチーフが、例えば次の文面からうかがえるように、

4) 中野三敏「寓言論の展開—特に秋成の論とその背景—」(『国語と国文学』一九六八年十月) 117頁。

かの物がたりは。いかにもその世のありさまを。打はへていとおもしろくつくりなしたれば。世の人の目をよろこばしむるさかしわざなれど。しひては何ばかりの益なきいたづら言なり。……そも物がたりとは何ばかりの物とか思ふ。もろこしのかしこにもかかるたぐひは。ひたすらそらごとをもてつととし。専ら其実なしといへども。必よ。作者のおもひよするところ。或は世のさまのあだめくを悲しび。或は国のついえをなげくも。時のいきほひのおすべからぬを思ひ。くらい高き人の悪みをおそれて。いにしへの事にとりなし。今のうつつを打かすめつつ。おぼろげに書出たる物語なりけり。彼源氏物がたりも。これがたぐひにて。ふかくはかり。遠くおもひやりて。つくり出たれど。……物がたりは何物ぞ。おほかたは妹夫の中ごとをもはらとして。守べき操のためしをあげ。閫の外だに見ず。窓の内にまぎるるかたなき心をなぐさめ。又は人のさかえおとろへをおどろかし。或は得がたき宝を得まくするしれものがうへ。あるは異の国に物もとめあるくあかず心。或はまましき親の心をいましむるなど。かれや是をほめそしれるも。ただ時のいきほひの推べからぬをおそり。又おほやけの聞しめしをはばかりつつ。いかにもいかにも打かすめ。あだあだしくつくりなせるは。ざえある人のしわざにて。[5]（『ぬば玉の巻』）

凡物学びて才ある人の時にあはぬは、我有一宝剱といひ、

5）『ぬば玉の巻』『よしやあしや』からの引用は『上田秋成全集』第5巻（中央公論社、一九九二年）による。

しら玉はよししらずとも我ししれらばとよみ、或は書は憤りになるとも云、やまともろこし、人の心は異ならぬもの也けり。彼土にては演義小説といひ、ここには物がたりとよぶ。それ作り出る人の心は、身幸ひなきを歎くより、世をもいきどほりては、昔を恋しのび、或は今の世の中さく花のにほふが如く栄ゆくを見ては、ややうつろひなん事をおもひ、あるは時めく人の末いかならんを、私ながらもあざみ、又ためしなき齢をねがふも、つひには玉手匣のむなしきをさとし、えがたき宝をしももとめあるく痴もののうへを愧かしむにも、ただ今の世の聞えをはばかりて、むかしむかしの跡なし言に、何の罪なげなる物がたりして書つづくるなん、かかるふみの心しらびなりける。このふみも在五中将ならぬ在五物がたりして、それにかこつけつつ、世のさまのあまりにたはけたるをいひ刺しれるにも、猶おのが思ふかたはしだにおそりて打いづべからぬには、ふみの終に、我に等しき人なきてふ打ほこりたるなげきせしこそ、おのが心をもなぐさめ、かつは命やしなふざえ人のしわざなれとおぼゆ。そはよしやあしや、かかるいなか言も、ことわりあらば人えらびとらせたまへと云。(『よしやあしや』)

「わが意にかなわぬ現世への憤り」[6]であり、そのような文学観の背景には司馬遷や李卓吾、金聖嘆などの影響があることは諸

6) 飯倉洋一「秋成における「憤り」の問題—『春雨物語』への一視点—」(『文学』一九八四年五月) 72頁。

先学一致して認めるところである。[7]中野三敏氏は、秋成が悲しび、歎き、恐れ、恋ひしのび、あざみ、はばかりなどの言葉で示す個人の内面的な感情を、自分の憤りの内容としているところをあげて、同時代の発憤説とは一線を画する画期的なものであったと指摘している。

近世中期における発憤説展開に対する従来の研究は、この秋成の公憤から私憤への飛躍の側面に主に視点が置かれており、従って秋成周辺の発憤説の位相や性格などは、私憤の内実あるいは「私憤」ということ自体のもつ文学史的画期性を論ずる上で説かれている。そして秋成的「私憤」と秋成周辺の「公憤」が対極的立場に立つものとして把握される傾向があるように思われる。

いうまでもなく秋成の発憤説の最もの特徴は私憤であるということであろう。また当代文壇の発憤説のたいていが公憤であったこと、その公憤の内容というものが経世済民的な主張、すなわち「名教の世に行なわれざるを憂えて」[8]発する儒教道徳擁護のための倫理的激憤であったことは、秋成の私憤に独自的な位置を与えるとともに、私憤の内実を際立たせる意味合いをもっていると一応いえよう。しかし秋成の発憤説が公憤から私

7) 中村幸彦「上田秋成の物語観」(『中村幸彦著述集』1、前掲)、高田衛「「発憤」から「狂蕩」へ—秋成の精神史—」(『上田秋成研究序説』寧楽書房、一九六八年) 参照。
8) 中野三敏「戯作研究序説」(『戯作研究』前掲) 13頁。

憤に転じえたということによって、秋成の私的感情的憤激に対置されるものが、同時代の公的倫理的憤激であるかのように把握されることに対しては、疑問の余地があるのではなかろうか。

このような観点に留意しながら筆者は日本近世の享保から天明(一七八一～八九)頃にいたる中期における発憤説の展開について考えてみたいのであるが、次節では日本のこの時期の発憤説の特徴を浮き彫りにする一環として、同時代の朝鮮の文人たちの発憤説の様相を考察したいと思う。同時代の朝鮮朝文芸界における発憤説の展開様相の検討は、日本のこの時期の発憤説の位相ないしその背景的要素をより明らかにするに違いないと思われるからである。

第2章
朝鮮朝知識人における発憤の様相

中国における不遇な知識人が世に対する憤りから作ったものが文学であるという著書発憤説は、韓国の朝鮮時代の知識人たちにもほとんどその形で継承され、著作する際の基本的な動機となる。本書で主に取りあげようとする朴趾源[1](一七三七～一八〇五)は、その著書発憤説を自分の文学の上に実現した、朝鮮時代屈指の思想家であり文学者である。秋成と同時代の文人である朴趾源における発憤の様相を見てみることは韓国のこの時期の文芸界の発憤説の性格ないし特徴を知るに非常に示唆的であろう。

秋成の発憤説が基本的には司馬遷の『史記』の文章によって

1) 字は仲美、号は燕巖。遠祖は高麗時代の文章家である朴尚衷であり、祖父は正二品職にあった朝鮮朝一流の両班出身である。しかしそれにもかかわらず燕岩に至っては農業する土地さえなかったほどの、いわゆる没落士大夫であった。

もたらされた如く[2]、朴趾源の著書発憤の精神の根底にも『史記』がある。[3]燕岩が友人に宛てた次のような手紙の一部は、燕岩の司馬遷への理解の一端を示しており、文学が不遇な知識人の不満から成るものであることを、彼がはっきりと意識していたことをうかがわせる。

> 貴方「太史公」を読んだはずです。ところが、ただそれを読んだだけで、そこに込められている心は読み取ることができなかったのではないですか。「項羽本紀」を読んでは垓下の戦いの情景だけを思いうかべ、「刺客列伝」を読んでは高漸離が筑を撃つ光景だけを想像してしまう。そうした読み方ならこれらの話はみな老人達の古くさい語り草にすぎないでしょう。まるで勝手(厨)でさじを拾うような安易な読書態度といわざるをえません。子供が蝶を捕まえるところを見れば司馬遷の心は会得できるはずです。前の脚を半分かがめて後ろの脚をななめにあげ、指を鋏のようにして差し出し、捕まえようと今か今かしてなお躊躇するその瞬間、蝶はたちまち飛び立ってしまう。辺りを見まわすと誰もいない。唖然として笑ってしまう。恥ずかしくもあり、

---

2) 高田衛「「発憤」から「狂蕩」へ—秋成の精神史—」(前掲) 324-325頁参照。

3) 金明昊氏は「燕巖文学と史記」(『朝鮮朝後期漢文学の再照明』創作と批評社、一九八三年)の中で朴趾源と司馬遷との文学的関連性について検討し、燕岩文学における司馬遷の文学精神の影響の甚大さを指摘している。

また腹立たしくもある。これがまさに司馬遷の著書する際の心でありましょう。[4](『燕巖集』巻五、「答京之」)

この手紙で燕岩は、興味中心の皮相的な読書法を戒めながら、何よりも作者の創作精神を把握しなければならないことを強調している。燕岩は司馬遷の『史記』制作の動機を、司馬遷自身の「現実における行為が挫折したところから噴き出す羞恥と憤怒の心情」[5]であると理解した。つまり燕岩は『史記』の文学的な本質を「発憤著書」の精神にあることを見抜いて、それに深く共感したわけである。なお「私は以前から長い間世をきわめようと努めてきた。文章の力を借りて体じゅうの凝り固まった不平不満を吐き出したいと思い……。」[6](南公轍『金陵集』巻十七、「朴山如墓誌銘」)とも述べており、自分自身の文学における著書発憤の精神を明確に示している。

燕岩の文学における憤りのモチーフへの自覚の背後には、もう一つ中国の明清学芸の影響がある。[7]コンウヘン氏は「朴趾

---

4) 拙訳による。以下とくに注記しないかぎり同じ。原文は次の通りである。「足下読太史公　読其書　未嘗読其心耳　何也　読項羽　思壁上観戦　読刺客　思漸離撃筑　此老生陳談　亦何異於厨下拾匙　見小児捕蝶　可以得馬遷之心矣　前股半跽　後脚斜翹　丫指以前　手猶然疑　蝶則去矣　四顧無人　哦然而笑　将羞将怒　此馬遷著述時也」

5) 金明昊氏注3)前掲論文、41頁。

6) 「吾窮於世久矣、欲借文章、一瀉出傀儡不平之気」

7) 燕岩の場合1780年44歳のとき三従兄である朴明源(清の高宗乾隆

源と李卓吾の比較研究—文学思想を中心に—」[8]の中で、燕岩の前掲の「答京之」などと、李卓吾の『焚書』巻三の「忠義水滸伝序」や「雑説」などを引いて、燕岩が抱いた発憤著書という創作動機が、李卓吾の文学精神と基本的に一致していると指摘している。なお氏は、両者における文学とは我が意にかなわぬ現実への不平・不満から発するものであるといい、それは両者ともに『史記』の司馬遷の発憤精神を受け継いだものであると述べている。

さて、発憤説の主眼[9]である、いったい何を憤っているのかについてまとめてみよう。私には、燕岩とそれ以前あるいは同

帝の七十寿を祝うため)について中国に行ってきた経験の持ち主で、当時学者の大半が尊華攘夷の大義名分に拘り、清の文明を敵視していたのと対照的に、清のよい文明は学ぶべきだと主張した。趙徳子氏は「清朝の実学は朝鮮後期の実学思想の形成に大きな影響を与えている。その影響は燕岩にも及び、燕岩を先駆的な実学者にさせ、文学を以て彼の思想を表現するようにさせた」(「燕岩文学と清朝実学」25頁、『韓国学』23、一九八〇年)と指摘している。なお、姜東燁「朴趾源の時代認識と文学観」(『東方学志』36・37、一九八三年)をあわせ参照。

8) 『国文学研究』(松郎具然軾博士華甲記念論叢、一九八五年)所収。また劉明鐘氏は「朝鮮時代の陽明学」において燕岩の『両班伝』などの作品の根本精神は何心隠・李卓吾・金聖嘆の文学精神と基本的には同様なものであると述べている(『性理学と陽明学』延世大学校出版部、一九九四年、434頁参照)。

9) 「発憤説の主眼は「何を」憤るかにある」(中野三敏「秋成の文学観」『(鑑賞日本古典文学35)秋成・馬琴』角川書店、一九七八年、400頁)。

時代の朝鮮朝文芸界に展開した発憤説の流れには一つの一貫した特質があると思われるのであるが、それは、当時の朱子学中心主義に対する憤りである。

儒学が近世に入って飛躍的な発展を遂げ、宋学とくに朱子学が中・韓・日それぞれの近世において思想界を支配したことは周知の通りである。ところで朝鮮社会の場合、その思想的な支配力をいうものは、中国や日本のそれと比べものにならないほど独占性の強いものであった。すなわち中国と日本では朱子学・考証学・陽明学などの儒学がそれぞれほぼ均等に発達し、学問の多元化が成されるのであるが、朝鮮ではそのような発展過程が見られない。朝鮮の数少ない陽明学者の一人である張維(一五八七～一六三八)の次のような言及はその現像を端的に示している。

> 中国では学問が多技に分かれており、正学、禅学、丹学(儒・仏・仙学、筆者注)などがある。程朱を勉強する人があれば、陸氏(陸象山)を勉強する人もある。門経(道)は一つだけではない。ところが我が国では、有識者でも無知な人でもすべてが読書となれば、皆程朱ばかりを唱えていて、他の学問があるということを聞いた覚えがない。果たして我が国の学風は中国に比べ賢明だといえるのだろうか。そうではないのである。10)(『谿谷漫筆』巻一)

---

10)「中国学術多岐　有正学焉　有禅学焉　有丹学焉　有学程朱者

朝鮮では程朱学中心の性理学が著しく発達し、それ以外の説はすべて異端邪説として排斥されたのである。

このような朱子学的な秩序体系を思想的基盤として成立した朝鮮王朝の封建体制は、十七世紀頃から社会のさまざまな局面で矛盾を露呈し、崩壊の兆しを見せ始める。さまざまな社会的変化の中でも最も甚だしかったのは、身分体制の動揺であった。朝鮮初以来厳格であった科挙制度は、壬辰倭乱以降乱れはじめ、この時期になると腐敗をきわめて両班階級の瓦解現像をもたらした。また都市経済の発達と合理的な農業経営などによって富を蓄積した商人や農民、中人(医官・訳官など)など庶民階級の進出が活潑になる。したがって朝鮮社会の身分体制維持の支配理念である朱子学はその現実的な意義と価値を失いつつあったのである。11)

しかし、かくのごとく朱子学的な秩序観は根底から動揺を見せはじめ、その学問体系は至るところで破綻を示してきていたにもかかわらず、朱子学は儒家士大夫の体制維持的な努力によって依然として有力な支配イデオロギーとして君臨していたのが現状であった。

朴趾源以前にあって、中国文芸の著書発憤の精神が動機誘

学陸氏者　門経不一　我国則無論有識無識　挟筴読書者　皆称誦程朱　未聞有他学焉　豈我国士習　果賢於中国耶　曰非然也」

11) 時代背景については李東歓「燕岩の思想と小説」(前掲)や李佑成「実学派の文学」(『燕岩研究』啓明大学校出版部、一九八四年)など参照。

発となって創作活動をしたとされる、朝鮮朝文人の代表的一人、許筠[12](一五六九～一六一八)における発憤の内容を見ておこう。趙東一氏は許筠の場合彼自身が現世と折り合うことができなかったため文学が必要であったといい、「不与世合」は許筠の立場を理解する、決定的に重要な概念であると指摘している。[13]

許筠は当時の朝鮮の学者に対して、

> 近頃のいわゆる学者というものは……口でしゃべったり耳で聞いたりしたことばかりを拾いあつめ、言動を飾っているのに過ぎない。口先では私は道を明らかにした、私は理を究めたといい、一時的には目と耳を眩まして惑わすのであるが、結局は名声を得るためだけの話である。その本性を尊重し道を伝える内実においては、見るべきものは一つもなく、その志は私心ばかりである。[14] (『惺所覆瓿藁』巻

---

12) 字は端甫、号は蛟山・惺所。朝鮮中期の政治家・小説家。生涯については、蘇在英「許筠の生涯と文学」(『許筠研究』セムン社、一九八一年) 参照。

13) 『韓国文学思想史試論』(知識産業社、一九七八年) 171頁。氏は続いて、「許筠の小説『厳処士伝』『蓀谷山人伝』『張山人伝』『蒋生伝』『洪吉童伝』などは、社会的障壁のために発揮されない、卓越した才能の持ち主を主人公とし、自我と世界とが相容れない関係にあることから発する葛藤を描いている」と述べている。

14) 「高之為学者　非欲独善其身也　蓋将窮理而応天下之変　明道而開後来之学　使天下後世　暁然知吾学之可尊　而道脉頼我而不墜　是儒者之先務　其為志　不亦公乎　近世之所謂学者　非

十一、「学論」)

といい、「言と行、知と行が一致しない、表裏不同の当時の程朱学者に非難・批判の失を向けて」15)いる。彼の最も代表的な作品であり、韓国最初のハングル小説である『洪吉童伝』は、李卓吾の『忠義水滸伝』から想を得て「朝鮮朝の両班社会の矛盾や偽善や非理を辛辣に批判」16)したものである。

朝鮮時代に展開された発憤説の共通的な特徴と思われる、朱子学の虚偽性への批判を、朝鮮社会の特殊な思想的状況に基づいて、燕岩より前の文人、許筠を通して見てみたが、このような姿勢は燕岩になると極めて顕著なものとなる。燕岩が生きた時代と社会は許筠の頃より朱子学がもっとその限界に達しており、極端に観念化・儀式化される現像を呈していたのである。燕岩の次のような両班に対する皮肉な描写は当時の朝鮮社会における度の過ぎた礼教主義の実態を伝えている。

両班の名称は色々とある。読書するを士といい、政治を司

為吾学之可尊也　亦非欲独善其身也　不過筴拾口耳　外飾言動而自称曰吾明道也　吾窮理也　而眩一時視聴　而究其終　則躐取顕名而已　其於尊性伝道之実　瞠乎若罔窺者　其志　則私矣然則公私之分　而真偽之判矣」

15) 金吉煥「陽明学の受容とその歴史的展開」(『韓国陽明学研究』一志社、一九八一年) 54頁。
16) 劉明鐘氏注8)前掲書、210-222頁参照。

るを大夫といい、徳のあるを君子となす。武官の階級は西に並び、文官階級は東にならぶ。これが両班である。……卑しいことを絶ち棄てて、古人に倣い、志を高尚に持つ。常に五更(午前三～五時)には起きて、硫黄を点じて明かりをつけ、目は鼻の先を見つめ、踵を合わせて尻を支えて、『東莱博議』を氷の上の瓢のごとく覚える。飢えを忍び寒さに耐え、口では貧しいことを言わない。歯をがちがちと鳴らし、指で後頭部を軽く叩いて、細い咳が出ると唾を呑み込む。毛でできた冠をかぶる時は、袖で帽子のほこりを拭い、波の模様を作らせる。顔を洗う時には拳で擦ることなく、うがいをする時にもやりすぎてはいけない。声を長く引きのばして下女を呼び、靴を引きずりながらゆっくりと歩く。17)

燕岩はもはや現実離れしてしまった朱子学の限界を直視し、煩雑で抽象的な、理論上の是非だけを招きかねない、性理学の空理空論を批判した。たとえば「虎叱」という作品では登場人物を通して儒者の理学論を列挙しておきながら、

鬻渾が言った。「あの森の中に肉がおります。仁を肝とし義

---

17)「維厥両班　名謂多端　読書曰士　従政為大夫　有徳為君子　武階列西　文秩叙東　是為両班　(任爾所従)　絶棄鄙事　希古尚志　五更常起　点硫燃脂　目視鼻端　会踵支尻　東莱博議　誦如氷瓢　忍餓耐寒　口不説貧　叩歯弾脳　細嗽嚥津　袖刷毳冠　払塵生波　盥無擦拳　漱口無過　長声喚婢　緩歩曳履」

を胆とし、忠を抱き潔を懐にし、楽を載き礼を履いております。口では百家の言葉を誦え、心は万物の道理に通じており、名は高徳の儒者といいます。」……倀鬼達は代わる代わる虎に推薦した。「一陰一陽を道といい、儒者がこれを貫いております。五行相生じ、六気相宣し、これを儒者が導いているわけですから、食べ物の中でこれより美味しいものはありません。」[18]

虎の口を借りて、その理屈を糾している。

虎はさっと顔色を変えて不興げに言った。「陰陽とは一つの気の生滅である。なのに、これを二つにすると、その肉に雑りけがある。五行は位相が定まっていて相生ずることは起こらない。なのに、いま無理矢理に子と母にして鹹酸を配分するから、その味は不純になる。六気は自ずから行われ、宣め導く必要がないのに、今みだりに財成とか輔相とか称して、勝手に己れの功を見せびらかす。そいつは固くごつごつして、食べたら胃がもたれるか、吐き気がするのではなかろうか。」[19]

---

18)「鬻渾曰　有肉在林　仁肝義胆　抱忠懐潔　載楽履礼　口誦百家之言　心通万物之理　名曰碩徳之儒　(背盎躰胖　五味倶存　虎軒眉垂涎　仰天而笑曰　朕聞如何)　倀鬼薦虎曰　一陰一陽之謂道　儒貫之　五行相生　六気相宣　儒導之　食之美者　無大於此」

19)「虎愀然変色　易容而不悦曰　陰陽者　一気之消息也　而両之其肉雜也　五行定位　未始相生　乃今強為子母　分配鹹酸　其

燕岩は朱子学絶対主義の風潮に強い反撥感を抱き、それを打破しようとしたのである。

朱子学の人性論は人間本然の性を信じ尊ぶという極めて人間肯定的なものであるが、それが人間の道徳的な本性をより重んずるあまり、実践面ではかえって人間の感情・欲望といった側面、すなわち人間の自然を抑圧する、リゴリズムとして作用する傾向があることは周知の如くである。日本の思想界の場合、朱子学的人間観のもつ厳格な道学的姿勢への要求を突いて、その不合理性を追求する方法で朱子学の分解作業が盛んに行われ[20]「朱子学もなお一つの学派に過ぎない」[21]という朱子学の相対化がなされるのでるが、朝鮮朝の場合、許筠などの先覚者がなかったわけではないが、特殊執権層によって支配イデオロギーとして朱子学が強力に用いられることにより、そのリゴリスティックな態度が朱子学本来の趣旨よりもむしろ強化されたものの如くである。つまり朝鮮朝の朱子学的な人間観は「道の排他的な絶大化」[22]によって人間の道徳的な本性をのみ

味未純也　六気自行　不待宣導　乃今妄称財相　私顕己功　其為食也　　其無硬強滞逆而不順化乎」。なお『熱河日記—朝鮮知識人の中国紀行—』1(朴趾源著・今村与志雄訳、平凡社、一九七八年) 283-284頁をあわせ参照。

20) 丸山真雄「朱子学的思惟様式とその解体」(『日本政治思想史研究』前掲) 参照。

21) 中野三敏「談義本略史」(『田舎荘子・当世下手談義・当世穴さがし』前掲) 371-373頁参照。

22) 李東歓「朝鮮後期の文学思想と文体の変移」(『韓国文学研究人門』

肯定し強調した。しかし、それはいうまでもなく「もう一方の人間の非理性的な側面をもっと浮き彫りにするアイロニーを生」[23]む結果となってしまう。ここに朱子学の絶対主義への批判と相まって朝鮮朝発憤説のもう一つの大きな内容である「人情の自然の肯定」というテーゼが生まれるのである。

劉明鐘氏は、許筠の思想的特徴として朱子的な厳楽主義に反対し、その虚偽性を攻撃しているのを挙げる一方、許筠の、

> 男女の情欲は天であり、倫理の分別は聖人の教えである。天は聖人より尊いものであるから、たとえ聖人の教えには逆らうことがあっても、どうして天稟の本性に逆らうことができようか。[24](安鼎福『順庵集』巻十七、「天学問答」)

という箇所を引いて、痼疾化した礼教主義に反撥し男女の情欲を人間の自然として捉えようとした「人欲の肯定」の姿勢を挙げている。[25]そのような許筠の思想的志向・追求の背後には、中国明清学芸、特に李卓吾の思想の影響がある。[26]

知識産業社、一九八二年) 292頁。

23) 李東歓「燕岩の思想と小説」(前掲) 224-225頁参照。

24) 「(筠則聡明能文章　専無行検……倡言曰) 男女情慾天也　分別倫紀　聖人之教也　天尊於聖人則　寧違於聖人　而不敢違天稟之本性」

25) 注8)に同じ。

26) 申龍澈氏は「韓国における李卓吾の研究」(『韓国思想史学』4・5合輯、一九九三年)で許筠における李卓吾の影響を述べ、李贄と許

人間の情欲問題について燕岩は、

> たいてい人間の血気は陰陽にその根本を置いており、情欲は血気に絡んである。深い思いは孤独の中から生まれてき、悲しみは、その思いからくるものである。寡婦というものは、酷い孤独の中にあり、従ってその悲しみというものは言いようがないものである。血気が時として旺盛であれば、寡婦といってどうして情欲がないはずがあろうか。27)(『燕巖集』巻一、「烈女咸陽朴氏伝」)

と書いている。ある寡婦が二人の息子を前にして自分の幸い体験を告白する場面を通して、情欲(性慾)も人間の真実の感情であることを明らかにしてそれを肯定している。許筠にみえる人欲肯定の精神姿勢が燕岩にも同様に見出されているのであるが、特に燕岩は当時の社会問題の一つであった寡婦の再嫁を禁ずる制度28)をあえて取りあげて、その不当性を指摘し、そ

筠との思想および行動様式を比較している。氏は現実・文学に対する認識問題や反儒教的性向ないし人欲に対する解釈などをとりあげて両者の類似性を強調している。

27) 「大抵人之血気　根於陰陽　情欲　鐘於血気　思想　生於幽独　像悲因於思想　寡婦者　幽独之処而傷悲之至也　血気有時而旺　則寧或寡婦　而無情哉」

28) 李東歓氏は「燕岩の思想と小説」(前掲)で儒家的な規範と現実とのズレの中でも朝鮮社会において朱子学的な倫理と最も尖鋭な対立を見せた問題が女性の情操問題とくに寡婦の再嫁問題であったと指摘している。

れ以上女性たちが犠牲になってはならないことを主張したのである。

かくして朝鮮後期(十八世紀中葉～十九世紀末頃)において注目される文学の潮流の一つは、人間性情の自由な表出をテーマとする大衆小説が出現するようになることである。それには女性達の再婚に関する話が数多く登場するのであるが、その大半は男女の陰陽の理致を説きながら人間本然の性の肯定をスローガンとしたものである。許筠をはじめ朝鮮朝文人たちの発憤説のモットーが援用された成果といってよい。

以上により、燕岩を中心に朝鮮朝文人に見られる発憤の主な内容とは、大きくいって一つは朱子学絶対主義に対する批判であり、一つは情欲を人間の本質として肯定しようとした姿勢であるといえる。なお日本の発憤説の展開様相を視野にいれて考えてみると、たとえば談義本における如く、その志すところが主に庶民教化にあった日本知識人とは対照的に、朝鮮時代の場合知識人そのものへの覚醒を促すものであった(それは言説の大半が漢文で書かれていることからも証明される)ことも特徴の一つとして付け加えられよう。

第3章
日本近世中期における発憤説展開の特徴

韓国・日本の十八世紀頃の知識人たちの文学における憤りのモチーフに目覚めるきっかけが中国の明清学芸によるものであることは見てきた通りであるが、文学が単なる興味だけを追う読み物ではなく、そこに「作者の思ひよするところ」つまり著者の思想を盛り込むことができるという文学の思想表出性は、当時の両国知識人達の心を強く捉えたと思われる。小説に対し否定的な視角が多かった朝鮮朝の学芸界においても、知識人たちが控え目でありながら小説に手をつけることのできた根拠はそこにあったし、また朝鮮とは対照的に伊藤仁斎や荻生徂徠など屈指の思想家たちによって擁護され、極めて肯定的な対小説的態度を見せる日本においても、知識人たちが文学をもっと価値あるものとして承認する根拠はそこにあったわけである。

著者が憤りから発する何らかの思想的な発言を述べるという点においては、韓・日の当時における発憤説の著者たちはほぼ同じ見地に立っているといってよい。しかし注意すべきこととして、その思想の内容(思想的要素)になると、両方は互いに異なった様相を呈していることである。というのは、前章で韓国の朝鮮時代における発憤説の展開様相を見た時に明らかなのは、そこに現れている思想的なものとは、知識人たちの対社会的な立場からする、当時の社会矛盾であった、朱子学絶対主義への批判と人情の自然を肯定しようとする精神であった。ところが日本の発憤説の展開の上ではそのような内容がほとんど見られない。とりわけ朝鮮朝朱子学の最も甚だしい盲点とされ多大の反響を呼んだ、男女の情欲の肯定というテーマが、日本の発憤説の展開では見出されないことは興味深いといわざるをえない。

そこでこの章では、朝鮮文人の発憤説における思想性が日本近世の発憤説の展開過程では見られないことに焦点を当てて、すなわち朝鮮朝発憤説の特徴に照らしての日本近世における発憤説の特徴について考えてみたい。

前に触れたごとく、日本近世における儒学の思想的展開の大きな特徴の一つは朱子学の相対化が成されたというところに求められよう。これには朝鮮朝とは違って特権化されなかった日本の儒学ないし儒者の社会的な位置[1)]などの諸要素が相関す

---

1) 黒住真氏は日本での儒者の主な社会的役割について「儒者の第一の社会的機能は、ふつうの人では扱い得ないような漢文を解読したり弄んだりできる機能にある。それをクリアできることを売り物

るだろうが、「朱子学もなお一つの学派に過ぎず、その超克を志す学問があり得る」[2)]という朱子学の相対化が享保期を前後として成立したことは、日本近世儒学史はいうまでもなく文学史に大きな影を落としている。

朱子学の相対化がもたらした日本近世学芸界への影響について中野三敏氏は、それが朱子以前の学問はもちろん朱子以後の宋明学への関心をもそそりたて、学問万般に百家争鳴の活況を生み出したことを指摘する。氏は、談義本の先頭を切ったともいえる佚斎樗山の『田舎荘子』の出現に関して、その背景として享保期の思想界における老荘思想の大流行をあげているが、その流行現像のきっかけとなったのが他ならぬ「古学派による朱子学の相対化」だと述べる。

> 当面問題とすべき、私に談義本の初発と見る「田舎荘子」の刊行が享保十二年、今一つの「艶道通鑑」は更に遡る正

に、彼らは講釈を開いたり弟子を取ったり遊んだり、あわよくば仕官の道を求めたりした。(中略)元来儒学は、漢詩文を読むことにまつわる、さまざまな道芸の一つであり、その社会的需要が起こるもっとも広く確かな原資もこの言語機能にあった。」(「儒学と近世日本社会」『(岩波講座)日本通史』13、一九九四年、270頁)と述べる。なお、中国・李朝・日本における儒学の社会的な位相の相違については、子安宣邦「儒教にとっての近代」(季刊『日本思想史』41、ぺりかん社、一九九三年)、阿部吉雄『日本朱子学と朝鮮』(前掲)など参照。

2) 中野三敏「談義本略史」(前掲)、371頁。

徳午年の京板である以上、その内容には正反何れにせよ徂徠学の直接の影響を云々するわけにはいかぬのは当然である。但し徂徠学の存在はまさに享保という時勢であったという事は言い得る筈である。それは第一に当時既に一つの信仰にも近かった朱子学もなお一つの学派に過ぎず、その超克を志す学問があり得るということ。更に大切なことは徂徠学はそれを為しとげていると初学者に信じさせるに充分な腕力を発揮し得たという所にあり、第二にそのような学問、即ち古学は、既に京の伊藤仁斎によってうちたてられていたとはいえ、江戸の徂徠によってよりきらびやかに発現されたという事実が、文化万般に上方絶対優位の当時にあって、江戸の学界を大いに奮い立たせ、江戸派とも称すべき学派の存在を顕在化させ、ひいては文化の江戸定着を江戸人士に確認させるという効果を発揮した所にあった。即ち文運東漸である。朱子学も一学派に過ぎぬという発想は、一方で開明的な吉宗の好学の姿勢に裏打されて学問万般に百家争鳴の活況を産み、江戸文化の定着の意識は、これ又既述した都市生活の爛熟と出版業の活況により相乗作用を興し、一層の文運東漸に拍車をかかる事になる。[3]

ここで朝鮮朝文人と同じく大社会的な立場に立ちながらも、日本の述志文芸における公憤の内容に、朱子学へ批判が

3) 同上。

見られない理由が知られよう。日本の思想界では享保期を境として朱子学が一つの学問ないし学派として位置(相対化)されており、朱子学絶対主義的な風潮は払拭されていたのである。

なお、朝鮮時代の発憤説の展開においても明らかにされたように、朱子学の決定的な弱点はその人性論のリゴリズムにある。前述した如く日本思想界の場合これを朱子学のもつ最もの限界としてあげ、朱子学を相対化する根拠としてこの朱子学的人間観の不合理性を追究した。かくして朱子学の相対化過程における基本的要件となった苛酷な道学から人間を解放しようとし、人情の自然を尊重しようとした思想の成立は、日本近世文学史を通底させていく基本精神をなすのである。[4)]

人情の自然を肯定しようとする精神が思想界によって大きく肯定・擁護されたこと、またそれによって文学界において文学は人情の表現であるという「文学人情説」が大々的に展開されたことなどについては既に述べたのでここでは省略したい。ただ、いわゆる文学人情説が秋成の時代になるともはや一つの通念として定着していたことを、秋成の人情の捉え方を通して一瞥しておきたい。それによっても当時日本の文芸界における「文学は人情を道ふ」という認識が如何に一般化されていたかが裏付けられよう。

さきに日本の発憤説の展開の上では、朝鮮時代の知識人の

---

4) 日野龍夫「儒学思想論」(『近世思想論』有斐閣、一九八一年) 参照。

憤りの主な内容、とくに朱子学の最大の盲点とされ朝鮮朝文芸界に大きな反響を巻き起こした、男女の情欲の肯定というテーマが見られないと述べたが、秋成において恋愛感情を基軸に男女関係をとらえようとする姿勢は如実に見られる。

> おなじ国ののりことすらも、御代の栄ゆくままによろつあらたまりゆくめり。男をみなの相思ふ心はかり、千早振神代より、はや河の瀬いやくたりにたる今にいたるまで、直大路の一すしに、高き賎しきのけちめなくなむ、かはらぬ事のいともあやしかりける。(『伊勢物語古意』序)

と「恋愛の情だけは、国家体制が変化し、制度や法律が改まっていく中で、神代から今に至る迄不変」[5]であるといっており、恋愛感情を肯定することはいうまでもなく、それを中心に男女関係を捉えている。

> 和歌の注解等に於ける秋成は、恋愛感情について著しく寛容な態度を示しており、次にような言辞はしばしば見出される。……秋成によれば、「人を恋しのぶは大かたは色に迷ふ仮初心から」(『金砂』七)生じるに過ぎないにもかかわらず、やむにやまれぬ恋心は、恋人の家を見たいからと「あの山よ横をれなびけ」と呼びかける「稚きなげき」「わりなきね

5) 矢野公和「私の声が聞こえますか―『浅茅が宿』私論―」(『共立女子短期文学文科紀要』24、一九八一年二月) 80頁。

がひ」(同)をも敢えてする程の強靭さを持っているし、妻を争うことが「壬申の闘諍の端」(同六)にさえなり得るのである。恐らく秋成は、恋愛感情が理性やモラルといった論理以前の、人間の根源的な情念に起因していることに気づいていたに違いない。……以上によって、秋成は恋愛感情を基軸に男女関係をとらえており、それが、儒教的な発想や当時の常識的な婦道観と全く異質であることが明らかになったと思われる。[6]

なお、『雨月物語』巻四「蛇性の婬」において次のように、

豊雄も日日に心とけて。もとより容姿のよろしきを愛よろこび。千とせをかけて契るには。葛城や高間の山に夜夜ごとにたつ雲も。初瀬の寺の暁の鐘に雨収まりて。只あひあふ事の遅きをなん恨みける。

「男女交情の閨房内の模様」[7]をそれこそ大胆に描写しており、

6) 同上、81～82頁。
7) 高田衛「死とエロス」(『解釈と鑑賞―上田秋成幻想の方法―』一九七六年七月) 58頁。
「『蛇性の婬』の、このくだりの修辞的核となるのは、いうまでもなく「夜夜ごとにたつ雲」と「暁の鐘に雨収まりて」という対句構成で、それは男女交情のメタフアとしての「雲雨」という成語を、春宵と暁とに分述して、毎夜、明け方にいたるまでの、新婚の男女の肉的饗宴を暗喩しているのであった。……つまり、内容のポルノ的俗性はこういう言語装置によって、自立した言語空間の遊戯

恋愛感情が理性やモラルといった論理以前の、人間の根源的な情念に起因していることを秋成が充分に認識していたことを物語る。

しかし注意しなければならないことは、このような主に男女の情欲肯定という立場にたっての人情の捉え方に、秋成の文学における人情描写の主眼が置かれていたのではないということである。大輪靖宏氏の指摘するごとく、同時代の国学者本居宣長はあの有名な「物のあわれ論」において、恋を描くことによって人間のすべてが描けると結論づけたが、実際の創作者の立場にある上田秋成は、恋だけでは人間のすべてが描けないことに気づいていたのである。[8)]

的ゆとりのうちに、なんとも艶麗に成立するのであり、……こういうエロスの光彩は、物語進行の通過儀礼としてエロティシズムであるとともに、文体のエロティシズムでもあることがうなずけるであろう。」(同、59-60頁)

8) 「人間を描くには種種の方法が可能なのであり、例えば本居宣長は有名な「物のあはれ論」において、恋というものを重要視した。……確かに宣長の言う如く、恋を描くことはそのまま人間の種種の感情を描くことになる。秋成も『雨月物語』においては恋を多く扱った。しかし『春雨物語』になると恋が少なくなって来る。「死首のえがほ」や「宮木が塚」において恋が扱われているとは言っても、人間関係の一つの面という扱い方であって、恋そのものが正面には出てこなくなるのである。むしろ、書きたいことはもっと他にあって、恋はそれを描くための一つの材料といった扱い方になって来る。そして、恋の代りに出て来るのは、食慾や性欲や権勢欲などであり、さらには歴史やモラルや宗教の問題なのである。本居宣長は、恋を扱うことの多い平安朝物語を論ずることか

宣長の文学思想を、「もののあはれ」として一面化してしまったことに、問題があるかもしれない。しかしここでは、宣長が意識していた文学思想を、一応「もののあはれ」として考察をすすめれば、このような人間観・文学思想は、真淵に内在していた生命それじたいの源泉にたちかえって把握しようとする思想を、はなはだしく感性的方向に成熟せしめていったものとかんがえないわけにはゆかない。この場合、感性的人間観とは、感性的であることによって、より純粋化された人間観であり、これが儒教的人間観の呪縛から、人間性を解放するものとして、あるいはまた、作為的にゆがめられている文学の認識をその純粋感動の世界にすえなおすことにおいて、近世の封建的人間状況のなかではたしてきた大きな意義を、うたがうことはできない。しかし他の面において、あまりにも感性的・心情的に一面化されているゆえに、それは人間認知のイデーとして、稀薄な葛藤しかふくみえないという傾きをもっている。すなわち人間が感性的に抽象化されているために、本来、異質なものの葛藤であるところの人間行為とむすびつかない。このように「もののあはれ」に、人間性のダイナミックな洞察が欠けているために、それは必然に反歴史主義の方向をとる。9)

ら物語論を導き出し、恋を描くことによって人間の全てが描けると結論づけたが、実際の創作者にある上田秋成は恋だけでは人間の全てが描けないことに気づいて来るのである。」(大輪靖宏『上田秋成文学の研究』笠間書院、一九七六年、453-454頁)。

9) 森山重雄『封建庶民文学の研究』(前掲) 329頁。

では、秋成が主眼として描こうした人情とはいかなるものであったか。

長島弘明氏は「男と女の「性」」において『雨月物語』の中の「性(さが)」の用例を挙げながら「性」は『雨月物語』の最も重要な人間認識の方法であると指摘している。「性(さが)」とは、人間のもって生まれた性質、あるいは個人の意志ではどうにもならない気質、情念をいうが、秋成はこの人間の性の問題に深い関心を持ち、『雨月物語』『春雨物語』には人間の不思議な性が引き起こす怪異的世界が数多く描かれている。

秋成の人間の「性」認識を総体として述べれば、秋成は男と女の性を分離して考えており、男の性は「直くたくましき性」として、女の性は「慳しき性」として捉えている。高田衛氏や長島弘明氏の指摘される如く、男の本質をあらわす言葉としては、まっすぐで剛直な精神を指す「直くたくましき」という語が用いられ、女の本質をあらわす言葉としては、心のひねくれた意味の「慳しき性」という語が用いられていることは、秋成の男女差別意識、あるいは男の論理の反映であるといえるかもしれない。

> 『青頭巾』で、快庵禅師の述べたことがらのうち、『雨月物語』全体に関して、意味ありげに思われる一節がある。重複するが、さきの引用をもう一度あげてみる。（中略）本文は、このあと『五雑組』からとった、中国の女人変怪故事

をいくつかならべたあと、次のような決定的なことばを述べている。「されどこれらは皆女子にて男たるもののかかるためしを聞ず。凡そ女の性の慳しきには、さる浅ましき鬼にも化するなり。」これをどう解すべきであろうか。快庵禅師に語らしめているが故に、これをも仏者的女人観の仮託の言とみるべきか。あるいは読者を囲繞している、通常のモラル—男女の差別意識—に立脚したレトリックとみるべきか。おそらく、その両方の要素をいくらかは含んでいるにしても、もっとも大きいのは作者秋成じしんのいつわらざる女人観であろう。秋成の文学における女人モチーフについては、別に述べるか、たとえば『吉備津の釜』の冒頭にみられる妬婦の論をみても、秋成が、男と女にはっきりした差別意識をもっていたことは否定できないであろう。[10]

『雨月』の語り手は、もはや男と断じてもよいであろう。女への共感や同情はある。しかし、それは男の視点からする同情であり、共感である。語り手と言い、作者である秋成の名を使わずにきたが、もちろん『雨月』の語り手を、全て秋成の名に換えても、不都合はない。『雨月』の語り手は、気質物の語り手のようには、の語り手としての役割に自覚的ではないかあである。登場人物に対して、ニュートラルな立場を取り得るという無邪気な確信は、例えば、晩年の『胆大小心録』八三の、「すべて鳥も、けものも、花も、雄はよし。牝はおとるとのみ思しが、人のみ女まさりたるは

10) 高田衛「怪談の思想」(『上田秋成研究序説』前掲) 173頁。

いかにと。又思ふ、よくよく思いがへせば、人も男よし。女は粉黛せずして、いと見にくし。朝寝の顔はいと見ぐるし。かかること人は辯ぬ也。」という、無邪気な男優位論と、変るところはない。[11]

しかしその対置によって男女それぞれの持つ本質性が明確に描かれ、見えてくるのは事実である。秋成のこのような人情の捉え方は、思想界における朱子学の相対化の過程から生まれ、さらに文芸界において深められた、人情理解の進歩によって来たるものというべきである。

11）長島弘明「男性文学としての『雨月物語』」（前掲）18頁。

第4章
日本近世知識人における公憤の様相

以上、十八世紀頃の韓国における発憤説の展開様相を考察し、同時代の日本の発憤説展開の一特徴を、「朱子学の相対化」という思想史的観点から考えてみたが、それを視野に収めつつ以下の点を中心に日本近世中期の発憤説展開の特徴について考えていきたい。

第1章にも述べたように、従来の発憤説展開に関する研究では、秋成の私憤展開への評価に主に重点が置かれ、そのことによって秋成周辺の発憤説は公憤という意義において、その内実のもつ歴史的意味よりも、対社会的な立場を取るが故に検討される場合が多いようにうかがえる。そして公憤とはすべて談義本における次のような、

人はをのれを知るを以て要とす。己をしるものは常に身を慎て人を侮らず、分を安むじて足事をたのしむ外を求めざ

れば、心つねにしづか也。……をのれを知らざる者は人を知らず。常に身を慎むことなく、おのれに勝れる者を忌避て、己に劣れる者を悔り弄す。[1]（佚斎樗山『田舎荘子外篇』巻一、「蟻王壁書」）

造化の物を生ずる、皆それぞれに、食と、居所とを、授て、迷惑せぬ程に、うみ付らるる也。分を越て、他をうらやむは、天にそむく也。[2]（佚斎樗山『田舎荘子』巻上、「木兎自得」）

すべて町人は町人臭いがようおじやる。武士臭は大疵。……惣じて百姓は、農業の外、江戸衆の花麗な真似をせず、中国西国の、百姓の身持をまなび、民家相応に暮すが天理にかなふ。……万両持ても、町人は町人。奴でも武士の食喰へば、馬鹿にならぬ。うやまふが町人の道。（静観房好阿『当世下手談義』巻二、「八王子の臍翁、座敷談義の事」）

すなわち知識人たちが自分たちの説が儒学本来の趣旨に沿うものであることを強調しつつ、その主意として庶民に「分度」を守るべきことを主張するあり様であるかのように把握されがちで

1）引用は『（叢書江戸文庫13）佚斎樗山集』（国書刊行会、一九八八年）64-66頁による。

2）以下『田舎荘子』からの引用は『田舎荘子・当世下手談義・当世穴さがし』（前掲）による。

ある。

ところが、たとえ同じ対社会的・儒家的な立場にあるといっても、第2章で見た韓国の朝鮮時代の文人におけるような、それとは異なった思想性を表出する公憤のあり方がありうる。同じく中国発憤説の影響のもとに生まれるのではあるが、当代社会の時代状況や思想的潮流などによって、それぞれユニークな展開をなしているのである。

そこで日本の近世中期における公憤を考える時、重要なのは、それが対社会的な憤りという形ではなく、その内容である「志のあり様」だと思う。すなわち、談義本における発憤の対象、その内容とは、日本のこの時期の知識人たちが意識した当代社会の問題(ひずみ)が何であり、課題として志したものが何であったかを示唆するという意味において、新しく捉えるべきではないだろうか。

この観点に立って見れば、談義本には当時江戸で流行したさまざまの風俗現像が滑稽的に描出されているのであるが、なかでも次のような農民や町人たちの奢侈風潮や、若い男女たちの堕落した行状(品行)を批判し、皮肉ったものが圧倒的に多い。

> 近年江戸近くの百姓、散散の風俗。江戸の野楽者の身持をうらやみ、美服を着し、爰やかしこの遊所へ行て、金遣ふ者もあるげな。天罰のあたりそふな事。[3](静観房好阿

『教訓続下手談義』巻一、「八王子の臍翁手代への説法」)

実も此二十年来、以の外の奢り。家作等はいふもさら也、衣類已下万花美を尽す。中にも別して目に立て、分を越たるは、葬送の行列。……金銀の有にまかせ分外の奢をなして、刑罰に逢たるもの、かぞへも尽し難し。(静観房好阿『当世下手談義』巻二、「惣七、安売の引札せし事」)

昨日迄律義如法の男子も、一度此門に入ば、忽鬢の毛逆だつて、髪のまげが頂上に上り、眉毛ぬけて業平に以たり。羽織ながふして地を掃ひ、見る者驚歎せずといふことなし。……見よ見よ娘や妹が欠落して、行さきのあてがはづれ、絶てなかりし心中の、相対死を再興して、辻中の倒死。骸を犬の餌食として、一家親類迄、恥をさらし、親兄弟の歎となる者、かぞふるにいとまなし。(静観房好阿『当世下手談義』巻五、「都路無字大夫、江の島参詣の事」)

近き比町人の女房、風俗甚花麗にして、美服を着し衣類の好、髪の結やう、櫛笄迄、芝居役者のいきかたをまなび、人立多所へ、遠慮なく罷越、或は所所寺院の法会開帳などへ、夜中にも参詣致し候族、雲の上から見おろし、若い天狗はそそり候程にはで成輩有レ之、是則淫乱の内心を、表へあらはし候へば、末末夫の恥をもまねき候[4](伊藤

---

3) 引用は野田寿雄校註『当世下手談義・教訓続下手談義』(桜楓社、一九六九年)による。

単朴『教訓雑長持』巻一、「海鹿の九蔵天狗に逢ひし事」)

これらは、日本近世の知識人たちが、当時の庶民風俗の紊乱現像を当代社会が抱えた一つの社会問題として、強く意識していたことを物語るのではなかろうか。強いていえば朝鮮朝では当時の両班社会が問題であったとすれば、日本では様々な社会現実の中でも特に庶民の風俗の堕落が深刻であり、それへの憂いから知識人達が何よりも「分度」を強調するような庶民への教誡を志さざるを得なかった。という観点から、談義本に現れている公憤の様を考えてみたいのであるが、いかがなものであろうか。

従来、談義本の出現をはじめ、そのような内容をもたらした決め手として享保改革における将軍吉宗の庶民教化策が大きく取りあげられ、そのためか、知識人たちの自主的な立場からの研究、評価はやや消極的である。しかし私にはこの時期の日本の知識人の志の有り様が朝鮮の文人とは違って談義本における形を取ったのは、それなりの必然性があったと思われる。そしてそれは当代の社会・文化的背景、特に庶民の風俗、儒学の推移などと密接に関連していると思われるのである。

また、従来の秋成の発憤説に対する評価は、公憤から私憤に

4) 引用は『近世町人思想』(岩波書店、一九九六年)による。

転じえたというところに主に焦点が当てられ、その私的感情的憤激というのがあたかも公的倫理的憤激とは相反する関係にあるものであるかのように述べられている。前にも触れたごとく、秋成は生涯にわたって人間「性」の不思議さ、あるいはそれをもたらす所以のものを追究し、それを描き出した。中村博保氏や高田衛氏は、秋成の「性」追究の姿勢ないしそれの形象を生命主義・生命思想という。中村氏は秋成を「生命的なものを理解しようとした思想家」といい、その生命主義について次のように、

> 生きんとする意志、生命の本能はあらゆる思想や観念に優先する。生活の実感に即し自己の個的人格を自覚できる段階にあった秋成にとっては、個体の生本能の欲求が、それを制御する体制や規範に優先する現実であったように、「生」のイメージは凡ゆる世界観に優先して説得力をもっていたわけである。特に朱子学形而上学の頽廃期、制度や思想の体系もまた形骸化して生の抑圧としてしかその存在を映し出さなかった時には、徹底して人間の主体を認めない朱子学は特に歪曲された文化的遺物としてしか観られなかったわけであり、理気学による分析をはるかに超えたところに自覚された個体の実感、生きているもののイメージこそ、最も説得力ある原理として彼を惹きつけたのも当然であった。[5)]

と説いている。高田衛氏はこれを受け継いだ形で秋成の生命主義が賀茂真淵(一六九七～一七六九)の生命思想から示唆されるところの多かったことを指摘しながら「彼の内面に生きていた朱子学的条理との葛藤において、意識化される生のエネルギー」[6]であると述べている。

> (真淵が)草木鳥獣まで動員して、「生きとし生けるもの」を語り、人間の最悪を語ることは、すなわち、生命というぎりぎりの点から、ただ、その一点においてのみ、それでは人間は、何によって人間であるかという問い直しをみづからに課していることになるのである。同旨の文章である『手ならひに物に書きつけたる詞』を参考にすれば、真淵じしんのそれに対する解答は、不可知なる天地・運命の前の人間存在の微小という大きな認識に立つことと、「直き」という生命的率直さという、相関しあう二点にあったわけだが、秋成の認識を衝撃し、彼の文学的転身の契機となった思想は、このような意味での真淵の生命認識であったのである。(中略)秋成的生命主義の思想としての自立を、論理構造的にあきらかにしたのが、中村博保氏の、昭和三七年に発表された『上田秋成の神秘思想』という論文である。そこに指摘されているように、このような認識は、生活の人間

5) 「上田秋成の神秘思想」(『国文学研究』26、一九六二年十月) 202頁。
6) 「怪談の思想」(前掲) 218頁。

> 現実をとおして、当時、唯一の世界観として措定された、程朱の学の理気説と人間現実を対等に比較して、合理的な程朱的理気説の側にではなく、生動する、日常的な事実の中に、より説得力のある原理・本質を感知していったところに、その立場を見出すべきものなのである。[7]

両者ともに秋成の人間認識の様式を「生命主義」としてとらえているのだが、その秋成的生命主義のあり様を浮き彫りにするにあたって、反対の極に朱子学的合理主義を置いていることが注目される。さらに高田氏は『雨月物語』の方法を「条理」と「私憤」の対立として捉え、「条理こそは、生命主義の立向う当の対立目標」[8]であったと指摘している。そして『雨月物語』における条理の立場として、たとえば「白峯」の西行、「蛇性の婬」の当麻の酒人、「吉備津の釜」の冒頭部分、「青頭巾」の快庵などをあげて、新院、磯良、真女子、鬼僧などによって描かれた生命主義は、彼らの朱子学的倫理観に対抗するためのものであるとしている。

秋成の文学につねに条理的立場が内在し、それが確かに保守的ではあるが、私にはこれを上のごとく朱子学的倫理観とするのは理解しがたく思われる。第Ⅰ部第4章および第Ⅱ部第3章の中で、秋成時代における朱子学の相対化による成果の一つ

7) 同上、192-197頁。
8) 同上、212頁。

として、その人情理解の深化様相を検討した時にうかがえたように、秋成頃の思想的条件とはすでに朱子学的合理主義の解体がなされていた。そして、もはや朱子学否定におけるその積極的な人情肯定の風潮が皮肉にも生み出した弊害ともいえる道徳の軽視、なおそれによる道徳的頽廃というところまで転じてきていたのである。

諸論者の指摘されるごとく、秋成の発憤の内実が個人の私的な動機からの感情的なものであることは間違いなくその通りであるが、はたして秋成の私憤とは条理の立場に対抗するためのものであったろうか。なお、秋成的私憤と同時代の公憤とは相互に背反する関係にあるものであろうか。

筆者には、秋成をして私憤を描かしめた根底にある生命主義ないし人間の実体認識という人間の本質を窮めようとした思想は、より説得力のある新しい人間価値観(モラル)を求めようとした精神姿勢の発露だと思われる。そして秋成の私憤とは儒家的な立場からする談義本における公憤、朝鮮朝文人における公憤とはその内容面で分明に異なるのではあるけれど、当代社会に対し問題・批判意識を持ち、人間価値への問い直しから新しい規範・モラルを摸索するという批判的姿勢・精神において「公憤」の延長線上で把握されるべきものではないかと考えている。今後、秋成的私憤の公憤的追究を試みたい。

結びにかえて

本書の出発点は、第Ｉ部の最初に述べたように、庭鐘の改作上の特徴である「道義化」傾向について日本国文学界では、それが主に中国文学からの影響による「外来的要素」として把握されることに反して、朝鮮朝小説を論じるうえでは「道義性」志向とは文学全般に見られる傾向であるだけに、それは外来的な要素ではなく朝鮮(伝統)的な倫理観に由来するものとして把握されること(ちなみに韓国国文学界で中国文学の影響としておもに取りあげられるのは「恋愛主題」が本格的に取り扱われるようになることである)に対して、すなわち日・韓両国学界における「道義化」現象をめぐる解釈の違いについて考えてみようとすることにあった。

翻案小説における「道義化」をめぐる両国の見解の違いは、それぞれの自国文学の伝統に則っての評価であるためである。そこで両国それぞれの文学的伝統なり背景というものに目を向けてみる必要があるが、それにあたって一つ注意すべきことがある。それは両者において飜案上あるいは文学上の特質として「道義的」という言葉が同じく使用されているものの、その語の指し示す内容がそれぞれ違うという事実である。そしてそのことはそのまま両国の文学的伝統・背景の相違を物語るものではないかと考える。

一般的に朝鮮時代の小説において「道徳的」「倫理的」「道義的」といわれるとき、それは大概儒教でいう「本然の性」志向的な人間心性を指すという点に大きな特徴がある。このことはたぶん韓国儒学思想の最大の特徴である、本然の性に対する厚い信頼(姿勢)と関係しているものの如くである。朝鮮時代の人々の本然の性に対する信頼とは一つの信仰に近いものであるといっていいほど絶対的なものである。それは恐らく朱子学が朝鮮時代の国教であったために、朱子学本来の趣旨よりも強化されざるをえなかったと見られる。そのことは文壇にも反映され、朝鮮の作家たちは人間の本性は本来善であるとしか考えられなかった。人々が自分に内在する純善の本然の性をさえ自覚・復元できれば、現実のあらゆる問題は自ずから解決されると信じて疑わなかったのである。そのような精神的姿勢は小説作品の上においても如実に反映される。彼らは小説を通して朝鮮社会が志向する道徳的な人間像を具体的に示して、何よりも人々の人性の教化を創作の目的としたわけである。

韓国の朝鮮時代の小説家に見られるこのような特徴から、庭鐘と秋成が主張する思想性を眺めてみると、よい対照をなしている。庭鐘と秋成においては、人間が道徳(の実現)につながる内的根拠は何処にも見出しえない。両者が人間の本性を、儒教一般でいう如き先天的先験的純粋善としては認識しなかったこと、それと相関するだろうが、人欲を否定的に捉えなかったことは縷説してきたとおりである。

庭鐘と秋成が、人間内部に(儒教の)本然の性の内在を拒否して、却って人間を「人欲」を本質とする欲望的存在として考える、なおその人間の本質を形成している「欲望」の実体について突きつめてゆく姿勢を見せることは、日本近世儒学界の思想的動向・推移と密接にかかわっているようである。検討してきたように、庭鐘・秋成両者によって表出されている思想性は、日本屈指の思想家、山鹿素行、伊藤仁斎、荻生徂徠などによって、朱子学の「本然の性」志向的本性観のもつ弱点が徹底的に看破され、その人情・人欲を肯定する姿勢から窺える如く、現実的具体的な人間の姿をありのまま承認しようとする態度が、学問や文学活動の根拠として大いにその発展を遂げていた、そうした歴史が前提にあって再び求められる、新しい道徳なり倫理なのであった。

さて、筆者が意識的に朝鮮朝の思想・文学における道義性の内実と対比させるかたちで、庭鐘と秋成における道義性の特質を浮き彫りにした理由は、次のことをいいたかったためである。

従来いわれる通り、庭鐘と秋成とが基本的に同様の思想性を追求するようになるのは、当時における中国白話小説の流入が最も直接的な要因をなしている。ところで、両者の道義性追求が中国小説の流入によって触発されるのは分明だが、その内実が、朝鮮朝と対照して窺えたように、かなり「日本的」なものであることを見逃せない。まず、それを指摘しておきたかった。そして、そのことを通じて両者の道義性追求を、ただ単に偶々の中国小説からの影響によるものとして捉えるのではなくして、両者が道義性を追求せざるをえなかった、ある事情なり必然性があったのではないか、という視点からさらに考察を加えようとするのである。その一環として、第4章第3節「庭鐘と秋成の道義性追求の背景とその意味」においては、近世日本思想展開における有力な特質である人情尊重の面、特に儒学界の「文学人情説」の早い台頭および普及に結びつけて、庭鐘・秋成頃になると、文人達が最早それには食傷していたものだから、それに対する一種の反動として、文学における思想性が追求されるようになるのではないか、という視点からその解釈を試みた。

一方、第Ⅰ部の終わりでは、庭鐘・秋成を含む同時代の日本の知識人たちが抱えていた当面課題(意識)—なかでも道徳意識の低下・堕落という社会風潮の蔓延化に対する危機意識—に焦点をあわせて、知識人たちの使命感からする「失われた道徳性への注視」という動きに注目し、そうした運動の延長線上に成立するものとして、庭鐘と秋成における道義性追求の必然性ないしその意味合いを考えてみようとした。

まとめると、以上第Ⅰ部では、日本の江戸時代と韓国の朝鮮時代の中国文学の飜案の様相と、その摂取の違いを考察し、それに基づいて前期読本に現れている「道義化」傾向について考えてみた。朝鮮時代の小説においては道義的な現象の大部分が朝鮮的な倫理観に由来している点に着眼し、読本の道義性を中国文学的な要素として捉えてみたいのである。そのためにはまずそれぞれの文学の伝統あるいは背景を知らなければならない。中国文学には朝鮮朝小説がとり入れた特徴と日本の読本がとり入れた特徴とか共に具備されていた。しかし両国はそれぞれ違った面をとりいれた。その選択、あるいは選択動機には、多分に両国それぞれの歴史が反映されているに違いない。今後なお、韓・日両国の中国文学受容における導入様相の相違や、その文学背景(とくに歴史的・時代的な要請としての側面)についてもっと深めていきたい。

第Ⅱ部では、中国における不遇な知識人が世に対する憤りから作ったものが文学であるという著書発憤説の、日・韓十八世紀知識人における受容様相について考察してみた。始めに述べたように、この時期の日本発憤説展開に関する従来の研究では、秋成の私憤展開への評価に主に重点がおかれ、そのことによって、秋成周辺の発憤説は「公憤(公けの事に関する憤り)」という意味において、すなわちその内実のもつ歴史的意味よりも、ただ対社会的な立場をとるがゆえに検討される場合が多い。それから公憤とはすべて分度論提唱の談義本におけるあり様であるかのように把握されているのである。

ところが、たとえ同じ対社会的・儒家的な立場にあるといっても、第2章に検討した朝鮮朝文人におけるような、それとは異なった思想性を表出する公憤のあり方がありうる。すなわち同じ中国発憤説の影響のもとに生まれるのではあるが、当代社会の時代環境や思想的潮流などによって、それぞれユニークな展開をなしているのである。そこで日本の近世中期における公憤を考える時、重要なのは、それが対社会的な憤りという形ではなく、その内容である「志のあり様」だと思う。談義本における発憤の対象、その内容とは、日本のこの時期の知識人たちが意識した当代社会の問題(ひずみ)が何であり、課題として志したものが何であったかを示唆する意味において、新しく捉えるべきではないだろうか。

従来、談義本の出現をはじめ、そのような内容をもたらした決め手として、享保改革における将軍吉宗の庶民教化策が大きく取りあげられ、そのためか、知識人たちの自主的な立場からの研究、評価はやや消極的である。しかし私には、この時期の日本の知識人たちの志の有り様が朝鮮の文人とは違って談義本における形を取ったのは、それなりの必然性があったと思われる。そしてそれは当代の社会的・文化的背景、特に庶民の風俗、儒学の推移などと密接に関連していると思われるのである。なお、従来の秋成の発憤説に対する評価は、公憤から私憤に転じえたというところに主に焦点が当てられ、その私的感情的憤激というのがあたかも公的倫理的憤激とは相反する関係にあるものであるかのように述べられている。諸論者の指摘される如く、秋成の発憤の内実が個人の私的な動機からの感情的なものであることは間違いなくその通りである。が、果たして秋成的憤りとは道徳倫理の社会的規範(条理の立場)に対抗するためのものであったろうか。なお、秋成的私憤と同時代の公憤とは、相互に背反する関係にあるものであろうか。

私には、秋成をして私憤を描かしめた根底にある生命主義ないし人間の実体認識という人間の本質を窮めようとした思想は、より説得力のある新しい人間価値観(モラル)を求めようとした精神姿勢の発露だと思われる。そして秋成の私憤とは儒家的な立場からする談義本における公憤、朝鮮朝文人における公憤とはその内容面で分明に異なるのではあるけれど、当代社会に対し問題・批判意識を持ち、人間価値への問い直しから新しい規範・モラルを摸索する、という批判的姿勢・精神において、公憤の延長線上で把握されるべきものではないかと考えるのである。

■参考文献一覧

【テキスト】
『佚斎樗山集』叢書江戸文庫13、国書刊行会、1988年
『伊藤仁斎・伊藤東涯』日本思想大系33、岩波書店、1971年
『田舎荘子・当世下手談義・当世穴さがし』新日本古典文学大系81、岩波書店、1990年
『当世下手談義・教訓続下手談義』、野田寿雄校註、桜楓社、1969年
『上田秋成全集』第5巻、中央公論社、1992年
『上田秋成全集』第7巻、中央公論社、1990年
『荻生徂徠』日本思想大系36、岩波書店、1973年
『近世思想家文集』日本古典文学大系97、岩波書店、1966年
『近世町人思想』日本思想大系新装版、岩波書店、1996年
『近世文学論集』日本古典文学大系94、岩波書店、1966年
『月峰山記』、朝鮮書舘本
『高峯集』、民族文化推進会、1988年
『繁野話・曲亭伝奇花釵児・催馬楽奇談・鳥辺山調線』新日本古典文学大系80岩波書店、1992年
『随筆百花苑』第6巻、中央公論社、1983年
『徂徠学派』日本思想大系37、岩波書店、1972年
『退渓全書』成均館大学校大東文化研究院、1985年
『唐代伝奇集』東洋文庫1、前野直彬編訳、平凡社、1963年
『熱河日記―朝鮮知識人の中国紀行―』東洋文庫325、朴趾源著・今村与志雄訳、平凡社、1978年
『英草紙・西山物語・雨月物語・春雨物語』新編日本古典文学全集78、小学館、1995年
『山鹿素行』日本思想大系32、岩波書店、1970年

『李朝漢文短篇集』李佑成・林熒沢訳編、一潮閣、1978年

【研究書・論文】

阿部吉雄『日本朱子学と朝鮮』東京大学出版会、1965年
飯倉洋一「秋成における「憤り」の問題―『春雨物語』への一視点―」『文学』1984年5月
同　「奇談から読本へ」『日本の近世』12、中央公論社、1993年
石崎又造『近世日本に於ける支那俗語文学史』弘文堂書房、1940年
尹糸淳　『韓国儒学思想論』ヨルム社、1986年
同　『韓国の性理学と実学』ヨルム社、1987年
同　『東洋思想と韓国思想』乙酉文化社、1992年
鵜月洋　『雨月物語評釈』角川書店、1969年
王淑誼　「周生伝の比較文学的研究―霍小玉伝・鴬鴬伝との比較を中心に―」、漢陽大学校大学院碩士学位論文、1986年
大輪靖宏『上田秋成文学の研究』笠間書院、1976年
尾形仂　「中国白話小説と『英草紙』」『文学』1966年3月
同　「近世文学と中国文学―「三言二拍」の受容における一問題―」『比較文学』潮文社、1972年
小倉紀蔵『韓国は一個の哲学である』講談社、1998年
大谷森繁「李朝文人の小説意識―李朝小説の覚書(二)―」『朝鮮学報』48、1968年7月
勝倉寿一『雨月物語構想論』教育出版センター、1977年
辛島驍　『全訳中国文学大系・拍案驚奇(三)』東洋文化協会、1959年、巻27 解題
衣笠安喜「折衷学派の歴史的性格」『近世儒学思想史の研究』法政大学出版局、1976年
同　「折衷学派と教学統制」『日本歴史・近世４』岩波書店、1963年
姜在哲　「古典小説における善・悪人物の性格把握問題」『古典小説研究』黄溟江教授停年退任紀念論叢Ⅱ、一志社、1993年
姜東燁　「朴趾源の時代認識と文学観」『東方学志』36・37、1983年

金栄洙　「「男女相悦之詞」攷」『漢文学論集』4、檀国大学校漢文学会、1986年11月
金基鉉　「退渓の四端七情論」『四端七情論』民族と思想研究会、1992年
金吉煥　『韓国陽明学研究』一志社、1981年
金起東　『李朝時代小説の研究』成文閣、1974年
同　　　「韓国小説発達史・中」『韓国文化史大系Ⅴ・言語文学史(下)』高麗大学校民族文化研究所出版部、1967年
同　　　『李朝時代小説論』精研社、1969年
金鉉龍　『韓中小説説話比較研究』一志社、1976年
金相助　「朝鮮後期の野談に現れた再嫁の様相と意味」『漢文学論集』4、1986年11月
金台俊　『朝鮮小説史』学芸社、1939年
金東旭　「韓国文学の基底」『古典文学を求めて』文学と知性社、1976年
金明昊　「燕巌文学と史記」『李朝後期漢文学の再照明』創作と批評社、1983年
金明順　「韓国古小説の悲劇性と結末構造」『翰林大学校論文集』21、1991年
同　　　『古典小説の悲劇性研究』創学社、1986年
金用淑　『朝鮮朝女流文学研究』ヘチン書館、1990年
金烈圭　「韓国文学と人間像」『韓国思想大系Ⅰ・文学芸術思想篇』成均館大学校大東文化研究院、1973年
金連浩　「今古奇観の翻訳様相―高大本を中心に―」『語文論集』27、高麗大学校国語国文学研究会、1987年
黒住真　「儒学と近世日本社会」『岩波講座・日本通史』13、1994年
厳基珠　「野談にあらわれた貞節意識の屈折様相」『成大文学』27、成均館大学校国語国文学科、1990年12月
小島康敬「儒学の社会化―政治改革と徂徠以後の儒学」『日本の近世』13、中央公論社、1993年
同　　　『徂徠学と反徂徠』ぺりかん社、1994年
呉春沢　「朝鮮前期の小説意識」『語文論集』23、1982年
子安宣邦「儒教にとっての近代」『日本思想史』41、ぺりかん社、1993年

コンウヘン「朴趾源と李卓吾の比較研究—文学思想を中心に—」『国文学研究』松郎具然軾博士華甲記念論叢、1985年
崔三龍　『素材論」『韓国古小説論』亜細亜文化社、1991年
相良亨　『日本思想史入門』ぺりかん社、1984年
車溶柱　『古小説論攷』啓明大学校出版部、1985年
同　「主題論」『韓国古小説論』亜細亜文化社、1991年
徐京希　「漢文短篇に現れた李朝後期の女人像」『韓国漢文学研究』3・4、韓国漢文学研究会、1979年
徐大錫　「蘇知県羅衫再合翻案小説研究」『啓明大東西文化』5、1973年
申東一　「韓国古典小説に及ぼした明代短篇小説の影響」ソウル大学校大学院博士学位論文、1985年
同　「翻訳本今古奇観について」『韓国古典文学研究』新丘文化社、1983年
申龍澈　「韓国における李卓吾の研究」『韓国思想史学』4・5合輯、1993年
成泰鏞　「高峯奇大升の四端七情論」『四端七情論』民族と思想研究会、1992年
曺喜雄　「楽善斎本翻訳小説研究」『国語国文学』62・63、1973年
宋宰鏞　「周生伝」『古典小説研究』一志社、1993年
蘇在英　「石洲権韠小論」『崇田大学校論文集』6、1976年
宋鎮韓　「朝鮮朝両班士大夫層の小説観考察」『開新語文研究』7、忠北大学校開新語文研究会、1990年5月
高田衛　「死とエロス」『解釈と鑑賞—上田秋成幻想の方法—』至文堂、1976年7月
同　『上田秋成研究序説』寧楽書房、1968年
田中則雄「都賀庭鐘の読本と寓意—「義」「人情」をめぐって—」『国語国文』665、1990年1月
同　「「載道」と「人情」の文学説—初期読本成立の基底—」『国語国文』696、1992年8月
趙英規　「三言故事の深淵及び影響考」『中国学報』21、1980年
張孝鉉　「朝鮮後期の小説論—筆写本小説の序・跋を中心に—」『語文論集』23、1982年

趙東一　『新小説の文学史的性格』ソウル大学校出版部、1973年
同　　　『韓国文学思想史試論』知識産業社、1978年
同　　　『韓国文学通史』3、知識産業社、1994年
趙徳子　「燕岩文学と清朝実学」『韓国学』23、1980年
鄭尭燮　「李朝時代における女性の社会的位置」『李朝女性研究』淑大亜細亜女性研究所、1976年
丁奎福　『韓中文学比較の研究』高麗大学校出版部、1987年
鄭宗大　『艶情小説構造研究』啓明文化社、1990年
鄭鉒東　「艶情小説の出現動因と系譜」『古代小説論』蛍雪出版社、1994年
鄭珉　　「『周生伝』の創作基層と文学的性格」『漢陽語文研究』9、1991年
同　　　『穆陵文壇と石洲権韠』太学社、1999年
田好根　「朱熹心性論の韓国的展開のための最初の葛藤」『論争で見る韓国哲学』芸文書院、1995年
田溶文　『韓国女性英雄小説の研究』牧園大学校出版部、1996年
徳田武　「読本と中国白話小説」『江戸文学と中国』毎日新聞社、1977年
同　　　『日本近世小説と中国小説』日本書誌学大系51、青裳堂書店、1987年
同　　　「読本における主題と趣向—庭鐘から秋成へ—」『秋成—語りと幻夢—』日本文学研究資料新集８、有精堂、1987年
同　　　「翻案という方法—「吉備津の釜」と「霍小玉伝」—」『国文学—解釈と教材の研究—』1995年6月
長島弘明「『英草紙』と秋成—秋成の物語の主題・構想解明の補助線として—」『国語と国文学』1979年8月
同　　　「男性文学としての『雨月物語』」『日本文学』1993年10月
同　　　「男と女の「性」」『国文学—解釈と教材の研究—』1995年6月
中野三敏「寓言論の展開—特に秋成の論とその背景—」『国語と国文学』1968年10月
同　　　「秋成の文学観」『秋成・馬琴』鑑賞日本古典文学35、角川書店、1978年
同　　　『戯作研究』中央公論社、1981年
同　　　「談義本略史」『田舎荘子・当世下手談義・当世穴さがし』岩波書

店、1990年
同　「十八世紀江戸の文化」『日本の近世』12、中央公論社、1993年
中村博保「上田秋成の神秘思想」『国文学研究』26、1962年10月
中村幸彦『中村幸彦著述集』1、中央公論社、1982年
同　『中村幸彦著述集』4、中央公論社、1987年
同　『中村幸彦著述集』5、中央公論社、1982年
同　『中村幸彦著述集』11、中央公論社、1982年
日野龍夫「文学史上の徂徠学・反徂徠学」『徂徠学派』日本思想大系37、岩波書店、1972年
同　「儒学と文学」『江戸文学と中国』毎日新聞社、1977年
同　「儒学思想論」『近世思想論』講座日本近世史９、有斐閣、1981年
閔燦　「女性英雄小説の出現と後代的変貌」『国文学研究』78、ソウル大学校大学院国文学研究会、1986年
文璇奎　「朝鮮時代の漢文学」『韓国漢文学—概論と史—』二友出版社、1979年
文範斗　『石洲権韠文学の研究』国学資料院、1996年
朴逸勇　「朝鮮後期小説論の展開」『国語国文学』94、1985年
同　「周生伝」『韓国小説作品論』玩巌金鎮世先生回甲紀念論文集、集文堂、1990年
朴在淵　「朝鮮時代の中国通俗小説翻訳本の研究—楽善斎本を中心に—」韓国外国語大学校大学院博士学位論文、1993年
朴焌圭　「国文学に現れた実学思想研究」『実学論叢』全南大学校出版部、1975年
丸山真男『日本政治思想史研究』東京大学出版部、1952年
元田与市『雨月物語の探究』翰林書房、1993年
森山重雄『封建庶民文学の研究』三一書房、1960年
矢野公和「女なんてものに—『蛇性の婬』私論—」『秋成—語りと幻夢—』有精堂、1987年
同　「私の声が聞こえますか—『浅茅が宿』私論—」『共立女子短期文学文科紀要』24、1981年2月
山崎純一「両唐書烈女伝と唐代小説の女性たち—顕彰と勧誡の女性群—」

『中国文学の女性像』石川忠久編、汲古書院、1982年
ユンソンクン「儒学者の小説排撃」『語文学』25、韓国語文学会、1977年11月
李家源　「英正代文壇における対小説的態度」『延世大学校八十周年紀念論文集・人文社会科学篇』1965年
李慧淳　「我が古代小説に表れている愛の形態」『古典文学研究』2、1974年
同　　　「韓国古代飜訳小説研究序説—楽善斎本「今古奇観」を中心に—」『韓国古典散文研究』同化文化社、1985年
同　　　『比較文学』I・理論と方法　科学情報社、1986年
李樹鳳　「人物論」『韓国古小説論』亜細亜文化社、1991年
李相翊　「韓中小説の比較文学的研究」三英社、1983年
李東歓　「燕巌の思想と小説」『古典小説を求めて』文学と知性社、1967年
同　　　「朝鮮後期の文学思想と文体の変移」『韓国文学研究入門』知識産業社、1982年
李文奎　「国文小説にたいする儒学者の批評意識」『韓国学報』31、1983年6月
李明九　「李朝小説の比較文学的研究」『大東文化研究』5、1966年
同　　　「李朝小説研究序説」『成大論文集』13、1968年
同　　　「李朝小説の中国小説受容姿勢」『外大中国研究』4、1979年
同　　　「〈月峰山記〉研究—比較文学的見地から—」『成大論文集』29、1981年
同　　　「夢決楚漢訟研究—中国話本小説との対比を中心として—」『成大論文集』33、1982年
同　　　「韓国古代小説発達史における一、二の問題」『朝鮮学報』126、1988年4月
李佑成　「実学派の文学」『燕岩研究』啓明大学校出版部、1984年
劉明鐘　『性理学と陽明学』延世大学校出版部、1994年
林熒沢　「伝奇小説の恋愛主題と《韋敬天伝》」『東洋学』22、檀国大学校東洋学研究所、1992年
和田松江「都賀庭鐘と中国短編白話小説—その享受をめぐって—」『香椎潟』22、1976年10月

■初出一覧

（ただし各篇とも書物の形にまとめるにあたって新たに訂正加筆した）

第Ⅰ部

第1章「都賀庭鐘の中国文学受容の態度について―李朝飜案小説との対比を通して―」『国語国文』第64巻第12号・1995年12月。

第2章「男女主人公の変容とアイデンティティ」『日語日文学研究』第51輯・2004年11月。

第3章「『雨月物語』の創作意図考」『日本語文学』第31輯・2005年11月

第4章「前期読本作者の人物形象化と当代思潮」『日語日文学研究』第55輯・2005年11月。

第Ⅱ部

第1、2章「近世中期における発憤説の展開―李朝文人との対比を通して―」『国語国文』第66巻第9号・1997年9月。

第3、4章「近世中期における公憤の様相―樗山を中心に―」京都大学国文会研究発表要旨、『国語国文』第67巻第1号・1998年1月。

翻案と創作
—日本近世の異文化受容—

著 者
鄭順姫

韓国外国語大学校 日本語科 卒業
日本政府招請 国費奨学生
京都大学 文学部 文学研究科 卒業
京都大学 日文学碩士
京都大学 文学博士
弘益大学校, 梨花女子大学校 教授 歴任
専攻 日本近世文芸
著書『日本人の美意識と精神』(宝庫社、2007)
『移民文化を通してみた韓国文化』(梨花女子大学校出版部、2007)
『恋愛の記述』(梨花女子大学校出版部、2005)
『異文化との出会い』(フェリス女学院大学、2003) ほか

· 저자와의 협의 하에 인지는 생략합니다. ·

初版印刷 2007年 10月 19日 | 初版發行 2007年 10月 30日

著 者 鄭順姫
發行處 제이앤씨
登 錄 第7-220號

132-040 서울市 道峰區 倉洞 624-1 現代홈시티 102-1206
TEL (02)992-3224(代) FAX (02)991-1285
e-mail, jncbook@hanmail.net | URL http://www.jncbook.co.kr

ISBN 978-89-5668-547-2 93830 정가 12,000원